増補新装版

近代国民国家の憲法構造

樋口陽一

Higuchi Yoichi

東京大学出版会

Constitutional Theory of the Modern Nation-State
[Expanded Revised Edition]
Yoichi HIGUCHI
University of Tokyo Press, 2024
ISBN 978-4-13-031211-0

はじめに

この本は、一九八九—九二年のあいだに私が公表した論説をもとにして、「近代国民国家の憲法構造」を問題にするという座標のうえで、現時点での私の考えをまとめたものである。見られるように、記述のおもな素材は、フランスにかかわるものから選ばれている。それでは、「近代国民国家の憲法構造」という主題にとって、㈠なぜフランスであり、㈡一九八九—九二年がどんな意味をもつのか。この二つの問に答えることが、とりもなおさず、第Ⅰ章以下の内容になっているはずであるが、ここで蛇足をつけ加えるのをおゆるしいただきたい。

近代憲法を論ずる際に自明のように扱われることの多い〝主権〟と〝人権〟は、これら両者の間の密接な相互連関と緊張ということを含めて、本文でのべるような意味で、実は、強度にフランス的特性を刻印された観念であり、それを支えていたのは、この国で典型的なかたちをとる近代国民国家のあり方であった。そのフランスの近代（憲法）史の画期であった一七八九年の二〇〇周年にあたって、歴史学界をはじめとする議論の焦点は、封建制から資本主義への移行を問題とする経済史的関心から、むしろ、近代国民国家の形成をめぐる国制史的関心に移っていた。そして、その一九八九年に展開した東欧の解放は、人権と国民の自己決定という理念の普遍化を、したがって近代国民国家の復権を意味するものとしてうけとめられた。しかしまた、ほかならぬこの時点で、同時的に、近代国民国家の自明性の動揺が、顕在化する。ひとことで「動揺」といっても、一方では、国民国家の合理的な再編成というべき方向（ヨーロッパ統合）と、他方では、非合理的な民族＝nation の噴出による国民＝nation の解体という方向（旧・東側での民族紛争の激化と、西側内部での権威的ナショナリズムの擡頭）という対照的なありようを示しながら、事態は進行している。

状況そのものがそのように展開してゆくなかで、大革命二〇〇年を記念する国際学会での報告（三九頁註（3）所掲のフランス語論文）を下敷にして書いたものが、本書第Ⅱ章第一節として編成した一九八九年公表の論稿であり、この二つの書きものへの内外の論者からのコメントや批判に触発されつつ、この本の記述のもととなった既発表論説を書くことができた。本書をまとめるに際し、各部分とも多かれ少なかれ加除・組みかえをしたが、第Ⅳ章第二節だけは、日本公法学会で報告した内容がそのまま、この本の内容全体を集約する意味をもっているので、それ以外の部分との重複をあえて削除せず、もとのまま収録した。既発表論説それぞれの標題と出所・刊行年は、つぎのとおりである。

第Ⅰ章――「社会主義・知識人・立憲主義――フランスの場合――」（『社会科学研究』四三巻一号、一九九一年）

第Ⅱ章第一節――「フランス革命と近代憲法――『フランス近代の典型性』をめぐる議論の今日的意義」（長谷川正安他編『市民革命と法』日本評論社、一九八九年）
第Ⅱ章第二節――「近代立憲主義擁護と近代批判の見地――『ルソー＝ジャコバン型国家』の観念をめぐって――」（高柳信一先生古稀記念論集『現代憲法の諸相』専修大学出版局、一九九二年）
第Ⅲ章――「《Républicain》と《Démocrate》の間――『自由』と『国家』・再考――」（小林直樹先生古稀祝賀『憲法学の展望』有斐閣、一九九一年）、および「自由をめぐる知的状況――憲法学の側から」（『ジュリスト』九七八号、一九九一年）
第Ⅳ章第一節――「〈citoyen〉の可能性――『国家の相対化』の文脈のなかで――」（深瀬忠一教授退官記念『平和と国際協調の憲法学』勁草書房、一九九〇年）
第Ⅳ章第二節――「日本国憲法下の〈公〉と〈私〉――〈公共〉の過剰と不在――」（『公法研究』五四号、一九九二年）

私が東京大学法学部に着任してこのかた、たえず出版を慫慂して下さってきた羽鳥和芳さんのおかげで、東京大学出版会から二冊目の本を出すことができたことに、御礼を申し上げる。

一九九四年一月　法学部研究室で

著者

目次

第II章　二つの国家像の対抗……………………………33

第Ⅰ章　西欧立憲主義の再定位

――社会主義・知識人・立憲主義

第一節　フランスの知的伝統とその変化

一　問題の所在

副題にいう「社会主義」「知識人」「立憲主義」の三つの要素のかかわりをフランスの場合に即して検討することによって、「西欧立憲主義の再定位」という論点にアプローチしようというのが、この章の目的である。[1] ①「知識人」とは、フランスでいう〈intellectuel〉であり、定義ふうにいえば、「価値、原理、思想ないしイデオロギーをつくり出し擁護することによって公事にアンガジェする」者たちをいう。「つくり出し擁護する」というとき積極的方向であれ、否定・破壊的方向にであれ、それは問わない。彼らは「必ずしも批判的であるとは限らず」「正統化の担い手」でもありうるが、ドレフュス擁護派をはじめて「知識人」という特定の含意で呼ぶようになった、言葉の由来にも示されているとおり、「体制」に対する関係では批判的であることが、ふつうには想定されている。[2]

②ここで「社会主義」とは、マルクス主義（特にそのレーニン後のあらわれ）を指し、一九二〇年以降でいえば、フランス共産党によって担われた思想が特に注目されることとなる。[3] ③「立憲主義」（「法治国家」といってもよい）は、「人権」という言葉と密接に関連するが、ここでは、法形式的要素――議会制定法に優越する高次の法規範の存在、それを前提とした裁判的コントロール、など――の大切さに着目して、そのような言葉をタイトルにえらんだ。日本で「立憲主義」「法治国家」という用語のもとに連想される一九世紀ドイツ的な含意とそのままに同じではないことは、あとで説明する。

とりあげる時期的な幅としては一九三〇年代以降、とりわけ第二次大戦以降をおもに問題とする。限られた時間と能力の範囲内で対象を限定するにあたっては、ナチスの登場がひきおこした国際的・国内的（フランスにとっての）な状況がそれ以前とはちがった磁場をつくり出した、ということを重視すべきだと考えるからである。

（1） この章は、東京大学社会科学研究所の主催によるシンポジウム「社会主義とヨーロッパ――社会主義とは何か」（一九九一年二月二日）でおこなった報告「社会主義・知識人・立憲主義――フランスの場合――」をもとにしている（当日は三本の報告がおこなわれ、ソ連〔当時〕について和田春樹、ドイツについて加藤栄一の両教授が私のほか報告を担当した）。八九―九〇年の大変動にもかかわらず、ソ連は当時まだ解体しておらず、バルトの「湾岸」で起こっている事態が注目をひく一方で、もうひとつの「湾岸」での熱い戦争が、東西冷戦後の南北対立の複雑で深刻な様相を、ひとびとにいやおうなく意識させていた時期のことであった。当日は、あらかじめ提出し配布されていたテキストの存在を前提として、それとは別に口頭での報告をしたが、本書では、その両者を織りこんで編成した。その際、右にのべたような時期におこなわれたシンポジウムであるという特殊性を切りおとしてしまうことが私には惜しく思われたので、基本的には、報告時点での現実および著作の状況に即した書き方をそのまま残すことにした。

ところで、シンポジウムの冒頭にのべたことであるが、マルクス学にも、社会主義研究にも、まして社会主義的実践にも無縁の人間があえて報告をひきうけたについては、理由がないわけではなかった。シンポジウムへの参加を私に強く求めたのは加藤栄一教授であったが、同教授と私は、共通に一五年間ほど続けていた、小さな月刊雑誌『社会科学の方法』（御茶の水書房刊、一九六八年一月―一九八三年一二月〔通巻一七四号〕）を編集する同人であった。その同人グループを主宰されていた故・世良晃志郎先生が、ことあるごとに、“Was ist der Marxismus? Was ist der Sozialismus?” という問をくりかえし強調しておられたことを思い出し、そういう編集方針が多少でも紙面にあらわれていた、とにかく小さいとはいえ社会の公器を運営してきた人間として、発言の義務があるだろう、世良教授は、ソ連東欧圏の大変動のアクセルの踏み込みが起こる直前の八九年四月に亡くなられて、その後の展開を見ておられないだけに、センチメンタルなだけではないそういう感想がひとつはあったからである。もうひとつは、タイトルに付したような「立憲主義」や「法治主義」、「人権」という、これまでの社会主義の考え方からすると、ブルジョア的支配を隠蔽するもの、という否定的な文脈でなければ、少なくともマージナルなものとして扱われてきた、そういうものを研究対象としてきた憲法研究者として、この主題を逃げていてはいけないだろうというふうに考えたからである。

（2）Pascal Ory, Jean-François Sirinelli, *Les intellectuels en France, de l'Affaire Dreyfus à nos jours*, Paris,

A. Colin, 1986. の序論〈L'intellectuel, une définition〉を参照せよ。なお、この節の執筆にあたって本書によるところが大きかった。

（3） ソシアリスムあるいはソシアリストという言葉は、広い意味、狭い意味で使われるが、しばしば特定的にフランス社会党あるいはフランス社会党員を指す言葉としても使われており、「社会主義」を論ずるときにそれを主な対象としないのは、なぜか。結論的にいえば、ここでのテーマを論ずるについてこれまでフランス社会党がマージナルな存在だったからであるが、それだけでなくて、多少説明を補完しておく必要がある。

政治勢力としての狭い意味でのソシアリスム、つまり社会党は、フランスの場合には、周知のようにＳＦＩＯ、つまり第二インターフランス支部（Section Française de l'Internationale Ouvrière）として存在し、そのインター分裂以後、第二次大戦後にまで至った。第二次大戦直後は、議会勢力としても、共産党およびキリスト教系の民主主義政党（ＭＲＰ、人民共和派と訳される）と並ぶ三大政党として、それなりに重要な地位を占めていたが、フランスが抱えた植民地戦争、インドシナ戦争、スエズ介入そしてアルジェリア戦争の経過の中でそれに対する対処の仕方と連動して、アメリカとの軍事同盟への積極的なコミットメントという流れのなかで、政治勢力としては文字通りマージナルなものになっていった。それをなにより典型的に示す数字として、一九六九年の大統領選挙に立候補した候補者（ガストン・ドフエル）は五％の得票率しかとることができなかった。フランスの非共産党左翼として、広い意味での社会民主主義勢力の中で人口に膾炙した名前、マンデスフランス、ミッテラン、ミシェル・ロカールというふうな名前の人々は、すべてＳＦＩＯではなく、ほかの小さな会派のリーダーであった人達である。

そのなかで、大きな転機になったのが、一九七一年のいわゆるエピネー大会であり、“Parti Socialiste”という名前となり、ミッテランが外から乗り込んできて、第一書記のポストに就いた。この大会で採択された路線は、いろいろな読み方があるが、一般には、マルクスへの復帰を掲げたとして位置づけられた。つまりイギリス労働党、当時の西ドイツ社会民主党とはなにか違う社会民主主義路線を展望しようとする、その大きな転換として受け止められたのが、七一年のエピネー大会であった。

それ以後のプロセスで、評価は人によって分かれるが重要な意味を持つのが、一九七二年に共産党との間で結ばれた共同政府綱領であった。これは、当時の「ユーロコミュニズム」の大きな流れの中で、フランス社会党とフランス共産党との間に結ばれたものであり、七七年には社共の間での共同綱領再協議の挫折と離別が起こるが、こういう経過の中で力をつけてきた新社会党が八一年の大統領選挙でミッテラン政権をつくったのであった。それゆえ、八一年の段階では、七二年の共同政府綱領そのものが掲げられていたわけではないが、社会党だけで単独多数を議会で得ていたにもかかわらず、ミッテランはあえて社共連立政権をつくった。

その間、フランス社会党が掲げていた二つの基本的な論点は、いわば国有化社会主義とでも言うべきものと、政治的自由主義の擁護の強調であったが、この二つのもののうち、前者については八一年直後にいったんミッテラン政権がかなり積極的にこれに手をつけたものの、その後、国有化の路線は明らかに放棄されることとなる。ミッテラン直系のローラン・ファビウス（首相、下院議長、社会党書記長を歴任）自身が、「八三年が実は非常に重要であった。八三年は、我々にとっての事実上のバート・ゴーデスベルク綱領であった」、といっており、七一年にはマルクスへのいわば復帰を掲げていたとすれば、八三年は、再転回ということになるであろう。因みに社会党書記長として次期大統領選の有力候補とされているミシェル・ロカール（元首相）は、七一年に新社会党にいったん入りながら、七二年の共同政府綱領路線採択の時には、それに異を唱えて、社会党から出た人物であり、そういう人物が現在の地位についているということからも、右に見た大きな流れを理解できるであろう。

フランス社会党の中の少数派で、湾岸戦争の最中に国防相を辞任したシュヴェヌマンを中心とするグループの最大の論客といっていいマックス・ガローは、フランス社会党を評して、"du Panthéon jusqu'à la

Bourse" と言う（Max Gallo, *La gauche est morte, Vive la gauche*, Paris, Editions Odile Jacob, 1990, p. 153 et s.)。「パンテオンから始まって」というのは、八一年の政権成立直後にミッテランが赤いバラを掲げてパンテオンにおもむき、フランスの知的左翼の伝統に忠実であるというスタンスを示したのであったが、ガローに言わせると、いつの間にか「証券取引所に」行ってしまった、つまりフランス資本主義への批判者であることをやめてしまった、というのである。もとより、この論点への評価は人によってさまざまでありうる。しかしそれにしても、「保守派よりもよく資本主義の危機を管理した」とまでいわれたフランス社会党であったが、九〇年代に入って深刻化した経済の停滞と失業の増大のなかで、九三年総選挙では全面的な敗北を喫した。

それならば、そのようなフランス社会党のソシアリスムを掲げるアイデンティティは何だったのか、といえば、一つは discours としての金権批判であり、大統領自身がしばしば "argent"（金）の支配からのフランスの解放、という言い方で訴えをしてきた。しかし現実には、長期政権下での腐敗疑惑を招き、総選挙での手痛い支持者離れをもたらした。もう一つは、第三世界への連帯ということであったが、この点も、政権党の現実政策の運用の間にはいろいろ深刻な矛盾と亀裂が生じ、前述したシュヴェヌマンの国防相辞職も、まさにこの点にかかわっていたのであった。

二　戦後フランスでのマルクス主義の知的権威

ナチズム体験に対して、内では〈Parti des fusillés〉としてレジスタンスの中核を担ったフランス共産党の存在、外では「スターリングラード効果」のイメージ（一九四四年九月のＩＦＯＰ

世論調査で、ナチスドイツの敗北にソ連が決定的な役割を演じたと見る者が六一%であり、アメリカをそう見る者は二九%だった[1]）が戦後フランスの知識人に大きな重みをもつこととなる。こうして、「フランス知識人の党」（一九四五年一〇月、第一〇回党大会）としての共産党が、大きな存在感を示した。ピカソ、アラゴン、ジュリオ・キュリーなどの名は引くまでもないが、伝統的なエリート養成システムの頂点にある高等師範大学の学生層のなかで、「一九二五年世代」とよばれる一群の論客たちの活動を、指摘しておきたい。また、党員ではないが〈compagnons de route〉とよばれた知識人たちが、そのようなアンガジェの仕方によってかえって党の権威を高めていた、という現象をも、指摘しておきたい。いうまでもなく、その典型は、一九四七―五六年のJ・P・サルトルであった。こうしたなかで、サルトルの同級仲間R・アロンが、サルトルの主宰した『現代』誌の編集委員をすぐにやめ（一九四六年）、『知識人の阿片』（一九五五年）を書くようになるのは、まったくの例外的現象であった。〈Un anticommunisme, c'est un chien〉（サルトル、一九五二年）という言葉が書かれていたこの時期には、「反共であることなしに非共であること、ファシストであることなしに反共であることのむずかしさ」という言い回しがあてはまる[2]。

このようにして、この時期の知識人にとっては、社会主義、そのなかでもマルクス主義、さらにそのなかでもソ連とフランス共産党（「クレムリンの長女」）の権威は知識人の間で支配的であった。フルシチョフのスターリン批判とハンガリー弾圧を期にして、フランスの知識人にとって、ソ連の準拠国としての自明性は動揺しはじめる。しかし、フランス自身が当面しつづけることとなった植民地問題（インドシナ戦争、スエズ介入、アルジェリー戦争）は、知識人層の反米・反大西洋主義を、強めることにこそなっても弱める方向にははたらかなかった。準拠基準がソ連社会主義から第三世界社会主義（マオイスム、ゲバリスム、ホーチミン）へとうつってゆき、国内政治上も、マンデジィスムに見られるような非共産党左翼の可能性が浮上してきたことは、それとして重要な変化ではあった。しかし、社会主義のシンボルの吸引力そのものは衰えていなかった。

こうした傾向のひとつの結着点が、「六八年五月」である。「六八年五月」について、「マルクス主義をフランス共産党の独占から解放した」という言い方は、たしかにあてはまる面をもっている。実際、この時期から七〇年代にかけて、マルクスの諸著作の仏訳（特に初期の作品の初訳）が出され、――マルクス主義にひきよせての第三世界理解が適切だったのかどうかは別として――第三世界をマルクス主義的に解読しようとする試みが多くみられる。

「知識人」と「社会主義」との関係がそのようなものだったとして、「知識人」と「立憲主義」の関係はどうだっただろうか。容易に想像されるように、論壇・思想界で「人権」や「憲法」や「法」が主題として論ぜられることは、なかった。支配の道具としての法、支配の実態を隠蔽するイデオロギーとしての法、というとらえ方が、一般的であった。人権宣言の母国でありながら、それは、財産権・経済的自由を人権の名において聖化し、社会改革を妨げるものとして目された。まして、人民の意思によってコントロールできぬ裁判官に違憲審査権をあたえることは、きびしく警戒されていた。

それればかりではない。法学界自体のなかでも、実は、マルクス主義的思考とは別の文脈でのことであるが、人権＝立憲主義＝法治国家というシンボルは、重要な地位をあたえられていなかった。

たしかに、ここでは人権の理念は承認されていたが、その効果は、「一般意思の表明としての法律」の至高性という思想状況によって減殺されていた。「一般意思の表明としての法律」によって担われる多数者デモクラシーの論理が支配的であり、法形式のもつ人権保障作用や、手続的正義を重んずる法的思考は、後景にしりぞいていた。違憲審査制は否定されており、それを創設すべきだという議論も、有力にはならなかった。

（1）Ory et Sirinelli, *Les intellectuels en France*, op. cit., p. 151.

（2）Ory et Sirinelli, *op. cit.*, p. 168.

三　八〇年代以降の変化

そのようなありように、一定のたしかな変化がみられるようになるのが、一九八〇年代の特徴である。この時期、外では、七〇年代に提起されていた「収容所群島」の問題が、伝統的にフランスとかかわりの深いインドシナ（カンボジアのKhmer rouge）やポーランド（連帯に対抗する戒厳令発布）での出来事というかたちをとって、知識人に態度決定をせまるようになる。内では、一九八一年に、長い保守政権がくつがえり、社共連立政権が成立する（八四年には、社会党単独政権となるが）が、この出来事は、かえって、知識人の社会主義へのアンガジュマンの熱をさます方向にはたらいた。社会党の知識人閣僚マックス・ガローが口火を切った一九八三年の論議は、「左翼知識人の沈黙」をテーマとして、翌年はじめまで論壇をにぎわしている。[1]

関連して指摘しておけば、この段階では、「フランス知識人の党」というよび名は、フランス共産党のポピュリスム傾向が強まるなかで、もはやどのような意味でもいえない状態となる。ある意味では社会党がそれにとってかわったともいえるが（一九八一年総選挙での社会党の躍進時には、大学特に高校の教師がその人的供給源となり、「教師の党」などという言葉が流行した）、それにしても、かつて共産党についていわれた言葉の輝きはもうない。

そういうなかで迎えた大革命＝人権宣言二〇〇年の諸行事は、ミッテラン大統領自身が推進者となって展開された。アルシュ・サミットと重なる時期に設定されたいちばん大規模な国際学会（「フランス大革命のイマージュ」）は、ソルボンヌの革命史講座の担当者で、ルフェーブル→ソブールの流れを継ぐM・ヴォヴェルを肝煎りとして開かれており[2]、その限りで、マルクス主義社会経済史学の正統派によって担われたといってよい。しかし、歴史学その他の論壇、思想界を見わたすと、かつてのような正統派の圧倒的な優位は、大きく様変わりしている。

一七八九年の理念にコミットするにしても、一七九三年＝ジャコバン支配をどう位置づけるかは、争われてきた。そのなかで、一九世紀末以来、政治的座標に即していえば急進共和派から社会党をへて共産党までを含めた左翼は、「革命はひとつのブロックだ」（クレマンソー）とする見地に立った。こうして「一七八九年を擁護するものとしての一七九三年」が「第三共和制の公認聖書」（E・モラン）といわれるようになっていた。さらに、マルクス主義社会経済史学によって占められるようになった革命史学の主流は、「一七九三年」こそを革命の深化、その精華としてえがき出し、さらにすすんで、「一九一七年を準備する一七九三年」という脈絡のなかに、革命の正統な系譜を読みとっていた。マルクス主義の影響のつよかった論壇や思想界一般でも、そうであった[3]。

それに対し、ルフェーブルからソブールの流れに対抗する「修正派」が登場する。F・フュレの『フランス革命を考える』（一九七八年）は、九三年を八九年からの「デラパージュ」としてとらえ、英米のフランス革命史学に影響をあたえ、それがまたフランスにはねかえって有力となってきた。

これは、いってみれば、「九三年」こそを収容所群島からクメール・ルージュまでを生み出した根源だとすることによって、「九三年」を切りすてるかわりに「八九年」を救い出す、ということを意味した。かつてのタルモンの史観が、あらためて現実性をもつものとして主張されたということになる。それに対してもうひとつ、もっと端的に、「八九年」を含めてフランス革命そのものがなかった方がよかったのだとする見地も、顔を出すようになった。こちらのほうは有力とまではいえないまでも、『フィガロ』紙の常連P・ショーニュなどの主張がそうである。

これら三つの見地の力関係をひとことでいえば、今や第一のものにかわって第二のものが有力になってきており、第三のものすら主張する論者がいる、といったところであろう。フランスの思想状況の前提づくりに今なお無視できないほどの力をもつリセの歴史教師を対象とした調査が、意味深い。二〇点満点でヴォヴェル一五点、フュレ一四点、ショーニュ一一・五点という数字（*L'Express*, le 7 juillet 1989）は「旧正統派がまだ影響力をもっている」と読むか、「ショーニュがこれだけの点数をとるとは」と読むか、見方が分かれるだろう。それにしても、

「大革命はひとつのブロックだ」という正統派の見方をそのまま支持するものが一六%にすぎず、「いくつかの革命があったのだ」（この定式化はあいまいさを含んでいるが）とするのが八二%になっているところには、変化のさまがうかがわれる。

まさしくこうした変化が革命二〇〇年という節目を背景にしてきわ立ってきた一九八九年というその年に、東欧・ソ連での大変動がおこったことは、そのような変化の方向に、いわば駄目おしをするような効果をおよぼすだろう。フランスの知識人のあいだでも、「ポスト・コミュニスム」(*Le Débat*, mars-avril 1990)、さらには「歴史の終わり」などという言葉をめぐる議論――この言葉が自明の真理とされているわけではない――が、さかんになる。ただし、だからといって、単純な「資本主義の勝利」といったふうなスローガンにただ受け身なだけというわけではない。むしろかえって、週刊政治誌の特集で、「明日は資本主義の危機――共産主義の難破と社会主義の破産のあとに――」(*L'Evènement du jeudi*, le 29 novembre 1990) などの、つき放したようなタイトルがすでにこの時点で出ていたことが、目につく。

どちらにしても重要なことは、東側体制の崩壊をとりあげるとき、崩壊した東側社会主義ないし共産主義に対するオルタナティヴとして資本主義を考えるよりは、人権、立憲主義、法治国家という系列へと思考が向いている、ということである。そして、まさしくそのような法的思考への傾斜ということこそ、八〇年代を通してすでに、フランスの論壇・思想界のきわ立った特徴となっていたのであった。しかも、そのような傾向になだれこんでしまわない、批判的見地も、なお健在である。それらについて点検することが、つぎの主題である。

（1） Max Gallo, Les intellectuels, la politique, la modernité, in *Le Monde*, le 26 juillet 1983.

（2） その成果の出版として、*L'image de la Révolution française*, 4 vol., dirigé par Michel Vovelle, Oxford / Paris, Pergamon Press, 1989-90.

（3） ごく簡単には、私の『自由と国家——いま「憲法」のもつ意味』（岩波書店、一九八九年）特に一—四四頁でとりあげておいた。憲法学の見地からフランス革命史学の今日の状況をとりあげたものとして、辻村みよ子「フランス革命二〇〇年と憲法学」（『ジュリスト臨時増刊　憲法と憲法原理』八八四号）、同「近代憲法の伝統とフランス革命——一七九三年憲法は **“dérapage”** か?——」（『思想』七八九号）、同『フランス革命の憲法原理——近代憲法とジャコバン主義』（日本評論社、一九八九年）、および特に、同『人権の普遍性と歴史性——フランス人権宣言と現代憲法』（創文社、一九九二年）第一章。

第二節　人権価値の復権とそれへの懐疑

四　「法」への批判的関心の高まり

フランスの知識人にとって、人権宣言の母国でのことでありながら、「人権」――まして、その保障形式の面に着目した「立憲主義」や「法治国家」――は、手ばなしでそれにコミットすべき理念とは、されてこなかった。彼らが誠実であればあるほど、人権宣言を、「ブルジョア支配」（プロレタリアートの見地から）や「帝国主義の収奪」（第三世界の見地から）の実体をおおいかくすイチヂクの葉ではないのか――つけ加えれば、フェミニズムの見地からすると性差別の実体を人《オム》＝男性《オム》という言葉の魔術でおおいかくすもの、ということになるだろう――と見る自己懐疑を忘れなかった。アンドレ・ジッドがロシア革命にかけた期待以来、そのまなざしの向く場所は、ペトログラードから延安へ、ハノイからキューバへと変わってゆくにしても、である。

まさしくそれに対して、収容所群島からクメール・ルージュまで、「東」や「南」に託された理念性、道義性の喪失によって羅針盤を失った恰好になった人類社会のなかで、「一七八九年」＝人権の理念が、いわば身近に居た「青い鳥」として見直されることとなったのである。だからこそまた、「一九八九年」のもつ意味あいが、「一七八九年」と重なり合わせてうけとられたのであった。

こうしたなかで、「人権」「立憲主義」「法治国家」、総じて「法」にかかわるタイトルのもとで社会を論ずることが、法学・法実務界の範囲をこえて、八〇年代に、ひろく知識人の世界での共通関心となってきていた。(1)

月刊誌 *L'Esprit* は、フランス共産党とまことに微妙な協調と緊張の関係に立ちつつその〈compagnon de route〉としての役割を演じた雑誌であり、フランス知識人のスタンスをとりあげるここでの観点から見て重要な素材であるが、この雑誌が、八〇年代に入って二度にわたり、特集を組んだ。一九八〇年三月の「法と政治」、一九八三年三月の「法についての省察」がそうである。*Le Commentaire*（八六―八七年冬季号）や *Le Débat*（八七年一―三月号）などの論壇誌が――一九五八年憲法三〇年という節目にあたったこともあるが――憲法についての大きな特集を組んだことも、注目される。さらに、法学専門書でない〝評論〟〝エッセー〟のカテゴリーで書店の店頭にならぶ種類の本のなかに、「法」とか「法治国家」を主題にしたものが目につく。

　こういった傾向の背景には、憲法をめぐる状況の大きな変化がある。二つのことが指摘される。

　第一に、大革命このかた転変がはげしかった憲法が、ようやく安定し、コンセンサスの対象となった。アルジェリー戦争末期の混乱状況のなかで政権に復帰したド・ゴールの強引な主導で制定された一九五八年憲法のもとで、それを「絶えなきクーデタ」（ミッテラン）として批判した勢力による政権交代がおこなわれ、そのことによってかえって憲法が安定した、というのは歴史の皮肉である。そのうえ、大統領と議会多数派（それにもとづいてつくられた政府）とが対立する党派によって占められるという〈cohabitation〉の経験によって、憲法が危機におちるどころか、ゲームのルールとしての憲法の役割がますます大きくなった。

　第二のことが、もっと重要である。これまで、憲法の問題とは、フランス流にいえば〈les institutions〉つまり統治機構の問題であった。ということは、人権は憲法問題ではなかった、ということである。道徳的には、有為転変する憲法のさらに上位におかれていたという見方もできるが、法的には、「一般意思の表明としての法律 loi の至高性」という原理がつらぬかれていたからである。一九五八年憲法も、本文には人権条項がまったく無く、前文に、「フランス人民は、一九四六年憲法前文によって確認された一七八九年宣言によって定められた、人権と国民主権の原理への愛着を、厳粛に宣明する」という簡単な記述があるだけであった。このわずかな手がかりをテコとして、一九五八年憲法で設けられた憲法院が、一九七一年の一判決を皮切りに、一七八九年宣言、一九四六年憲法前文などに、違憲審査の基準としての効力をあたえ、活発な活動をするようになった。こうして、裁判的方法で確保される人権、というものがフランス社会ではじめて成立したのである。

そういう背景のもとで一般化した「法」への関心の意味は、二つの問題次元にわたる。

第一は、「法学的世界観」批判を重要なテーマとしてきたマルクス主義の傾向への批判、という意味である。このことについてここで立ち入らないのは、マルクス主義にも思想史にも素人の私にとって問題が大きすぎるからであって、それが重要でないと考えるからではない。

第二は、マルクス批判をこえて、ルソー批判、フランス型国家像そのものへの批判、という意味である。ある思想史家の表現に従えば、「自由主義であれ民主主義であれ社会主義であれ、一九世紀の主要な諸思想」によって「ほとんど疑問視されることのなかった」フランス型の「国家中心的社会 société stato-centrée」(F・ビュルドー)(2)が、批判されているのである。

ここでルソーだけを出すのは、実は適切でない。ホッブズからロックを経てルソーまでの系譜でえがき出される近代国家像にあっては、civil society＝political society がすなわち国家（Commonwealth──「ラテン語でいえば civitas」）なのだという意味で、基本的には、〈société stato-centrée〉なのだからである。ルソーとフランス近代国家は、それを、ひとつの徹底的なかたちでデザインした、というべきであろう。その徹底さは、つぎの三点にあらわれていた。

第一は、国家法、それも立法府の定立する loi が、「一般意思の表明」として、法創造を独占する。第二に、地域的分権に対する関係で、「共和国の一体不可分性」が強調され、それはまた、外に対する関係での国家主権の強調と重なり合う。第三に、反・結社主義の伝統というかたちで、諸個人と国家が中間団体の存在を否定してむかい合う二極構造が強調される。

さきに人権宣言の法規範性と、それを前提としたうえでの違憲審査制の活性化を説明したが、それは、第一点についての転換を意味する。第二点については地方分権的改革とヨーロッパ統合、第三点についいては、国家に吸収されない「市民社会」の自主空間性の強調というかたちで、それぞれ転換が見られる。

そういう文脈で、アングロ・サクソン法文化への関心──それも、ホッブズ＝ロック・モデルでなく、Bill of Rights モデル、その共和制版としてのアメリカ・モデルへの関心──が、にわかに高まっている。同じ意味で、いちはやくアメリカに注目したトクヴィルの再読が目だってきている。

それと同時に、その傾向を押し返すように、アメリカ流のやり方を“Démocrate”と呼び、これまでのルソー的な伝統のフランスを“Républicain”と名づけ、リパブリカンの側から、アングロサクソン的な法文化への関心が寄っていくのをもう一回押し返そうとする議論も、起こっている。[3][4]

この点が重要なのは、これまでの「東」の神話に対して、「西」の、つまり自分たち自身の一七八九年以来の理念の再確認というとき、同じ「西」でも、例えば経済的自由の問題を考える時に、当然市場経済ということをどう位置づけるかが問題になるからであり、広い意味での市場経済というものを共通に前提にした議論をするにしても、どんな国家の役割を想定するのか、ということによって、まさにデモクラットとリパブリカンは、対照的なイメージを描くことになるからである。

それはともあれ、いずれにせよ、東側体制の崩壊を「資本主義の勝利」というより、人権＝立憲主義＝法治国家の復権としてとらえたうえで、しかし、自国の伝統の夜郎自大的賛美よりは批判的点検に目をむけているひとびとにとっては、「西側民主主義」も手ばなしで謳歌すべきものではない。こうして「フランス――困難なデモクラシー」(*Le Débat*, mai-août 1990 の、創刊一〇周年の特集タイトルのひとつ)が論ぜられ、一二人の与党(社会党)議員による「デモクラシーは危機にある」という署名文(*Le Monde*, le 11 décembre 1990)が出される。〈Actuel

Marx〉という年二回発行の叢書では、『自由主義、市民社会、法治国家』（八九年五月刊）が、批判的に点検され、他方では、『コミュニズムの終り？　それともマルクス主義のアクチュアリティ？』が論ぜられている。(5)

（1）　そのことについては、事態の進行に並行しながら、つぎの諸論稿のなかでとりあげておいた。「近代憲法原理相互間の緊張と選択――知識人の関心対象としての憲法」（和田英夫教授古稀記念論文集『戦後憲法学の展開』、日本評論社、一九八八年）、「フランス革命と近代憲法――『フランス近代の典型性』をめぐる議論の今日的意義」（講座『革命と法』第一巻、日本評論社、一九八九年）、深瀬忠一・樋口陽一・吉田克己編『フランス革命二〇〇年記念・人権宣言と日本』（勁草書房、一九九〇年）所収のシンポジウム報告と討論発言。それらをふまえて再構成したものとして『近代憲法学にとっての論理と価値――戦後憲法学を考える』第四章第一節、および本書第Ⅱ章。また、山元一「〈法〉〈社会像〉〈民主主義〉――フランス憲法思想史研究への一視角――」（『国家学会雑誌』一〇六巻一・二号、五・六号、九・一〇号、以下継続中）。

（2）　本書後出五三頁註（2）。

（3）　本書第Ⅲ章。

（4）　今日フランスが抱えている一つの大問題である「コルシカ」問題について、ミッテラン政権がコルシカにある程度、普通のレジオン（州）並みではない自主的な地位をみとめる際に、法文の中に "Peuple Corse"「コルシカ人民」という言葉を使った時（一九九〇年一一月二一日から下院で審議が開始された、いわゆるPierre Joxe 法案）に、野党だけではなくて、与党の中からも大きな議論が起こった。フランス法の体系で "Peuple" と言えるのは "Peuple Français" だけであるはずだ、という異論である。"Peuple Corse" がいたり、バスクの "Peuple" がいたり、"Peuple Normand" がいたりしてよいのか、これは「不可分の共和国」理念を政府自身が否定する気か、という議論は、ここでいう〈Républicain〉の側からの反撃である。その後、法律として成立した段階で、憲法院は、〈Peuple Corse〉という表現を違憲と判断した（一九九一年五月九日判決）。参照、中野裕二「現代フランスにおける共存原理の模索」（『法政研究』五九巻一号）。

（5） *Libéralisme, société civile, Etat de droit*, Paris, PUF., 1989 ; *Fin du communisme? Actualité du Marxisme?*, Paris, PUF., 1991.

五　ソ連型社会主義からのマルクスの解放（？）

前述のように、フランスの知識人にとって、マルクスないし社会主義から人権、立憲主義、法治国家というシンボルへの主要な関心のシフトが見られる。しかし、その場合にも、一七八九年の理念がますます輝きを増しているというだけの、夜郎自大的なフランコサントリスムではなかった[1]。

その際、マルクス主義、社会主義の危機に当面して、フランスでものを書き、発言する人びとの間で、二つの対照的な態度、実際にとる態度としては必ずしも相互背反的ではないにしても、論理的に対照的な二つの態度がある。

第一は、ソ連型社会主義からいわば解放されたマルクス主義というものをどう再位置づけをするのかという態度に対応する、さまざまの議論である。

第二は、マルクス主義の危機は実は西欧的志向そのものの危機だ、という側面のほうにもっと強く焦点をあわせる考え方である。つまり現在の事態は、〝東〟に対する〝西〟の勝利というよりは、むしろそうではなくて、啓蒙思想以来の近代合理主義、つまり〝西〟そのものの危機だという見方である。

さきにふれた歴史家のフランソワ・フュレは、現代社会論としては、〈Démocrate〉対〈Républicain〉という対抗図式でいえば、まさに前者にあたる。ついでに名前を挙げれば、広い意味での、これまでフランス流にいう「左翼」としてジャーナリズム等に登場してくるメンバーの中では、『ヌーヴェル・オプセルヴァトゥール』の常任論説委員ジャック・ジュリアール、自主管理社会主義のほうの一方の旗頭の論客であるピェール・ロザンヴァロンなどと、例えばこのフュレは一緒に本を書いており、(2) まさに Républicain の側からの反撃をうけているような人達であるが、そのフュレにしても、「マルクスをまるごと返上せよ」という議論ではない。『ヌーヴェル・オプセルヴァトゥール』が一九九〇年の秋に、思想の今日的状況を概観する別冊の特集を出し、フュレが「マルクス主義はまだ使えるか」という項目を執筆している。(3) 彼は、ソヴィエト体制の破産がひきおこしたマルクス主義の信用失墜は、フランス革命を経験したあとのロマン主義思想による啓蒙思想の拒否ほどに不当ではない、なぜなら、ヴォルテールやルソーは実際に革命の処方箋を書いたわけではなかったが、マルクス主義は革命そのものを予告し、かつ準備したのが失敗したのだから、というふうな、もってまわった言い方もしているが、つまるところ、マルクスがかくも低く落ちたのは、レーニンがそれをあれほど高く持ち上げたからだ、「レーニン主義の終焉によってマルクスは我々にとり戻された」というのが、フュレの言いまわしである。

同じ項目で、ある論客（ドミニック＝アントワヌ・グリゾニ）は、マルクスの思想を政治の面、経済の面、哲学としての面、および、Marxisme de résistance、要するに批判、抵抗の思想としてのマルクスというふうに、四つに分け、第一と第二のマルクスは、この論者に言わせれば、「破産した」、三つ目については、なおわれわれが継承すべき遺産がたくさんある、四つ目については、まさにそれがアクチュアルな課題である、とのべている。そこでは、資本主義は複雑なものになりながら、改心したわけでもないし、改革されたわけでもない、逆説的にもマルクス哲学の批判的側面が今ほどアクチュアルなことはない、という側面が大きく強調されている。(4)

こういうふうに、リパブリカンからみれば、デモクラットのほうに、つまりプロアングロサクソンのほうに振り分けられる論客ないしその同人たちの世界を含めて、マルクスの再読という方向でのこういう議論が改めて提起されているということは、それとして指摘しておいてよいであろう。

（1）　のちに（三九頁註（3））ふれる、私の議論に対するモーリス・アギュロンの反応も、そのひとつのあらわれとして私は理解する。
（2）　François Furet, Jacques Julliard, Pierre Rosanvallon, *La République du Centre*, Paris, Seuil, 1987.
（3）　François Furet, Le marxisme a-t-il encore usage?, in *La Pensée aujourd'hui, Collection Dossiers Le Nouvel Observateur*, 1990, p. 30–31.
（4）　Dominique-Antoine Grisoni, *op. cit.*, p. 32–34.

六　西欧近代そのものの危機（？）

もうひとつのほうの問題に移ろう。ソ連型社会主義、フランス内で言えばフランス共産党の危機、遡ってマルクス主義の危機、しかし、実は同時に啓蒙思想に遡る西欧近代そのものの危機をそこから読み取るべきであって、マルクスからルソーに遡ってどころか、そもそもデカルト以降が危機なのだ、というとらえ方である。

この点について今日のフランスで代表的な論客は、エドガール・モランである。[1] 彼は、「一九二五年世代」のひとりであり、一九二五年前後に文字どおり生れた世代として、ソ連社会主義、フランス共産党の輝かしい知的権威が支配的であった時代に、とりわけ Ecole Normale Supérieure すなわち、フランスのエリート養成システムの最頂点にある高等師範大学で学んだ人びとの一群に属する。日本でもよく知られている名では、エマニュエル・ロア・ドゥ・ラデュリィ、クロード・ロア、アニー・クリエジェルなど、その後すべてフランス共産党を離れている点でも共通のキャリアをもつ人びとの一群であるが、そのエドガール・モランに言わせると、西欧、とりわけフランス近代が掲げてきた理性、科学、進歩の三位一体の図式というものの危機だ、というのである。フランスの場合には、とくに政教分離（ライシテ）という問題が政治的にも思想的にも大変大きな広がりを持つ争点として、一九世紀の後半から二〇世紀の初頭までをゆり動かし、余波は今日まで及んで、いろいろな問題を波及的に引き起こしているのであるが、モランは、そういうライシテの問題を例にとりながら、フランスが掲げてきた理性、科学、進歩の三位一体性への信念そのものの危機なのだ、と指摘する。

たまたま社会主義の危機と同時的に起こった、日本でもよく知られている例では、『悪魔の詩』のいわゆるラシュディ事件があるが、フランスでは、特に、一九八九年のチャドル事件がある。人権宣言二〇〇周年と同時に社会主義圏の大変動の年ともなったこの年の秋にパリの郊外の一中学校で持ち上がったこの事件については、本書の第Ⅲ章でその法的意味をあらためて検討するが、この事件は、公教育の非宗教性という、近代フランスにとって譲るべからざる理念と、文化の相対性の承認という理念とのぶつかり合いであった。さらに加えて、女性が人前でヴェールを被るという、そういう文化のあり方は、西欧の論理からすれば性的差別のシンボルでもあり、そういう点からも、フランス近代実定法の掲げた理念との衝突が問題にならざるをえない。こういうふうな問題をいろいろ挙げながら、エドガール・モランは、どのように西欧の文化がそれに応えるべきか、という問題の重大性を指摘する。

　ここで、マルクス主義にかわって出てくるものとして、ナショナリズムを頭の中で浮かべる向きも、多いであろう。

　普通われわれが考えていたナショナリズムとは、やはり西欧近代の所産としての Nation State, Etat-Nation を暗黙のうちに、しかし自明の前提とするものであった。今日世界の到るところで噴き出しつつあるナショナリズムは、そうではなくて、むしろ一種のトリバリズム（部族主義）であり、近代西欧が考えてきた、共同体的拘束から解放された合理的な諸個人がナショナルな単位で res publica を取り結ぶという、そういう構図では全くとらえられない「ナショナリズム」であり、そうだとすれば、それに関連して重要な意味を持つものとして、宗教というものがあらためて問題とされることになる。

　一九九〇年一月、湾岸戦争で軍事的にとどまらない、知の世界での緊張を強いられた西欧で、イスラム研究者ジル・ケペルの『神の復讐』という書物[2]が出版され、各方面に書評が出、テレビや雑誌での討論の対象になった。この本は、いわゆるアブラハム系の三つの宗教、キリスト教、ユダヤ教、イスラム教をさし当たりとり上げ、「マルクス以後」の世界で、これに対してどういう態度をとらなければいけないのかが問われているのだ、ということを議論している。

その際、彼は、イスラム教と西欧近代を対置しているだけではない。キリスト教自体についても、ヨーロッパでのカトリシズムの一部での最近の権威主義的傾向、北アメリカでの、テレビ伝道師の果たす役割、レーガン政権以降の、伝統的な価値の復権（例えば、妊娠中絶のイッシューに関する反対の側からの一種の国民運動の広がり）の基層にも着目している。そのように、西欧社会の内部自体での「神の復讐」をも点検しながら、いってみればこれまで絶えざる自己懐疑を通して創造を繰り返してきた西欧文化というものが、今日なお西欧啓蒙以来の合理主義の危機に際して、なにかをするのが可能なのかどうか、それが問われているのだ、という意識がそこにあるといってよいであろう(3)。

アンドレ・マルローが、「二一世紀は宗教的であるか、それともなくなるかだ」という言葉をのこしている。“Le vingt et unième siècle sera religieux, ou ne sera pas” を意訳すれば、「宗教的であるか、それとも破滅だ」ということになる。マルローのこの悲観的な予言を引いて、ケペルは、「しかし、私はこの悲観的な二者択一には与しない」、と述べているのである(4)。

社会主義の崩壊と立憲主義の復権、しかし他方で非合理的「ナショナリズム」が暴発し、チャドル事件や、さらには「湾岸戦争」で第三世界とどう対面するかが深刻に問われるなかで、フランスの知識人たちは、動揺しながらも、しかし「知」へのこだわりを安易にぬけ出そうと

はしていない。(5)

（1） Edgar Morin, Le trou noir de la laïcité, in *Le Débat*, janv.-fév. 1990, p. 38 et s.

（2） Gilles Kepel, *La revanche de Dieu, Chretiens, juifs et musulmans à la reconquête du monde*, Paris, Seuil, 1991.

ちなみに彼は、直接はアブラハム系の三つの宗教に限ってとりあげているのであるが、ある雑誌（*Le Nouvel Observateur*, 3-9 janvier 1991, p. 6 et s.）でのインタヴュー（Gilles Kepel, Dieu attaque.）では、広いパースペクティブの中で、極東の神道をも問題にしている。一九九〇年一一月の大嘗祭の意味を、世界的なコンテクストの中でそう読みとる見方があること自体、注意に値するだろう。

（3） 人権、法治主義、立憲主義という思考系列が含んでいる西欧的価値の意味を、具体的場面に即して問う、ということは、フランスが有力な参戦国となった湾岸戦争に関しても、失われてしまったわけではなかった。例えばミッテラン大統領自身が、「国際法を守らせるための軍事力行使」ということを強調したことに関連して、"loi internationale" は規範形式次元でのことであり、"loi" を超えた "droit" という問題を大統領がパレスチナ問題という形でせっかく提起したのに首尾一貫しないではないか、というふうな議論も、そのひとつである。また、クエートは確かに国連加盟国であって、国連の加盟国の一国が地球からなくなるかどうかというのは、初めてのケースだけれども、しかし、本来国連憲章が国家主権ということを想定していたときには、ネーション・ステートとしての国家を考えていたはずであり、"Etat" と "Nation" との関係についてもっと深刻な議論をする必要がある、クエートは、Etat ではあっても Nation といえるまでにその構成員を統合しているといえるか、そういう議論も提起されていた。

（4） 註（2）引用の雑誌インタヴュー。

（5） 本章でとりあげた一九八九―九一年の激動期のパリ滞在をふまえて、「湾岸戦争はヨーロッパの知識人、特にフランスの知識人にとって〈アンガジュマン〉という言葉が死語ではないことを明らかにした。多くの知識人が戦争を是認し支持し、少数の知識人が戦争を批判―拒否し、何人かの著名な知識人は最後まで沈黙にしがみつき、それぞれの仕方でこの戦争に参加した」というそのありようを、批判的にあぶり出すことに力点をおいて問題にしたのが、海老坂武『思想の冬の時代に――〈東欧〉、〈湾岸〉そして〈民主主義〉』（岩波書店、一九九二年、引用箇所は二六八―二六九頁）である。この本は、チャドル事件についても、的確な紹介と分析を提供してくれる。

第Ⅱ章　二つの国家像の対抗

――ルソー＝一般意思モデルとトクヴィル＝多元主義モデル(1)

第一節　近代憲法史にとってのフランス革命

――「フランス近代の典型性」をめぐる議論の今日的意義

七　四つの八九年

一七八九年の「人および市民の諸権利の宣言」が、「権利の保障が確保されず、権力の分立が定められていない社会は、憲法を持たない」（一六条）とうたい、権利保障と権力分立を近代的＝立憲的意味の憲法の内容として提示したことは、よく知られている。

ところで、権利保障といい権力分立といい、それ自体としては近代憲法に特有のものではない。マグナ・カルタ（一二一五年）や身分制議会（イギリス議会は一九六五年にその七百年祭を祝った）に見られる、中世立憲主義の伝統があるからである。身分制社会編成原理を基礎とする中世立憲主義と、身分制からの個人の解放を前提としてえがき出される近代立憲主義の像とは、どのような意味で、継続と断絶の関係にあるのだろうか。

そのような観点からするとき、「四つの'89年」という視角が、われわれに示唆をあたえるはずである。

第一に、一六八九年のBill of Rightsによるイギリス革命の総括があり、身分制的自由と身分代表議会という古い皮袋のなかで（「聖俗の貴族および庶民」の「古来の権利と自由」の確認）、世界にさきがけて近代立憲主義の新しい酒が醸される画期となった。中世立憲主義の伝統的定式化のもとに形成されてゆく、実質的には新しい近代立憲主義の論理を、みごとに体系化したのは、周知のとおりロックである。彼は、身分制的自由を論ずるのでなく、諸個人の不可譲の〈property〉（生命、自由、および、自分にproperな労働力の所産であるがゆえに不可譲の財産）から、すべての説明を出発させたのであり、ロックを媒介とすることによって、イギリスの憲法体験は、普遍的な伝播力を発揮することとなった。

第二に、そのように先行する憲法体験を、近代立憲主義の新しい体系として定式化することとなるのが、一七八九年の人権宣言である。そこでは、身分制的自由ではなくてまさに人一般の権利としての人権が掲げられ、身分代表議会ではなくて一つの国民を代表する一院制国民議会が設けられたのであった。一七八九年の本質的意味は、身分制社会編成原理を否定することによって、人一般を発見し、諸個人と集権的国家がむかい合う二極構造《ディコトミー》を、典型的にえがき出したところにある。

第三は、一八八九年であり、先進近代諸国家からの外圧のもとで近代化の課題にとりくんだ国のさしあたってひとつの対応例として、大日本帝国憲法が制定されたのであった。権利保障と権力分立という二つの要素をとり入れながらも、より本質的に神権的君主制原理によってつらぬかれたこの外見的立憲主義憲法のもとで、立憲主義の側から試みられた努力の栄光と挫折は、一九八九年の今日なお、多くの教訓をあたえるはずである。一九四六年憲法のもとで近代立憲主義の価値の実現を国是として掲げている（はずの）日本社会にとっても、また、近代立憲主義を生み出してきた本籍地ともいうべき西洋文化圏の外にある、多くの諸国にとっても。

そのことはとりわけ、第四の八九年が、先行する三つの八九年を測る物差しの意味をはるかにこえ、それ自体として固有の意味をもつ一九八九年として、歴史にのこることとなっただけに重要である。

「民主の神」と名づけられた自由の女神像によって象徴された中国での運動は、天安門の惨劇（八九年六月四日夜）によって圧しつぶされたが、ソ連のペレストロイカを背景にしたハンガリー、ポーランドでの変革の動きは、この年の秋にはじまって、年内に、アルバニアを除く全東欧に拡がっていった。九月の時点でモーリス・デュヴェルジェが、ヨーロッパの東半分での状況をとらえて、「もしこれらの花が約束する果実をもたらすとしたら、今年は、一七八九年よりももっと重要な日付を歴史に刻みこむことになるだろう[2]」とのべていた予言は、一一月九日夜のベルリンの壁の無血での開放をピークとする祝祭的気分の高揚によって裏書きされた。しかしまた、九〇年以後の展開を見ると、旧ソ連・旧ユーゴを含む東ヨーロッパでの経済的困難とナショナリズムの暴発という試練に耐えて立憲主義がその普遍性を実証できるかどうかを問うという意味でも、「重要な日付」としての一九八九年の意味は、きわ立つものとなっている。

かような「四つの八九年」という問題設定をしたなかで、近代社会のなかでの法と権力のあり方にとって「一七八九年」のもつ意味をあらためて点検しようというのが、この節のタイトル「近代憲法史にとってのフランス革命——『フランス近代の典型性』をめぐる議論の今日的意義」のいおうとするところである。その際、まず、近代憲法にとってのフランスの典型性をあらためて浮かびあがらせるために、非典型の典型ともいうべきドイツから見た「フランス近代の典型性」を問題とし（八）、つぎに、そのフランスで、近年、これまでの franco-centrisme 的学界状況が変化してくるなかで、特にアメリカ合衆国の近代公法モデルへの関心が高まっていることに注目したうえで（九—一四）、日本の法状況・思想状況とのかかわりを点検する（一五）、という順序で叙述をすすめることとする[3]。

（1）本文では一貫して、「ルソー＝ジャコバン型」と「トクヴィル＝アメリカ型」という言い方での対照をしているが、概説書の形をかりて私なりの憲法学の見とおし図を提示しようとする創文社版の『憲法』では、「ルソー＝一般意思」モデルと「トクヴィル＝多元主義」モデルという言い方をしている（同書三六頁以下）。これは、「ルソー＝ジャコバン」対「トクヴィル＝アメリカ」という対比の用語法自体が論争点となっているため、書物の性質上論争に立ち入って自説をのべることのできない場にふさわしい表現法を、選んだからである。ここでは、創文社版『憲法』との照合を考慮して、章の標題についてそれと同じ表現を使った。

（2）Maurice Duverger, *Le Monde*, le 21 septembre 1989.

（3）この節で展開した論旨は、一七八九年七月パリで開催された国際学会「フランス革命のイマージュ」で報告した。cf. Y. Higuchi, Les quatre “Quatre-vingt-neuf”, ou la signification profonde de la Révolution Française pour le développement du constitutionnalisme d'origine occidentale dans le monde, in *L'image de la Révolution Française*, dirigé par Michel Vovelle, Paris, Pergamon Press, 1989, volume II, p. 989 et s. そのなかで私は、文化の多様性を承認すべきだという立場をとりながらも（一五世紀の日本の演劇＝能とラシーヌやシェクスピアとの間の価値の相対性）、西欧起源の立憲主義＝個人への信念の持つ価値の普遍性を確認し、あえて西欧中心主義の側に立つことをのべ、それはけっして「文化帝国主義」というべきではない、と強調した。そのことにつき、一週間の大会を総括したモーリス・アギュロンが、私の報告のその箇所を読みあげて引用し、「フランスの歴史家は勇気づけられる」とのべた（前掲書の volume 4, p. 2394）。そこには、人権宣言二〇〇年を祝いつつも、西欧起源の人権の「おしつけ」＝「文化帝国主義」、という非西欧圏の反応に対する、フランスの知識人のセンシティヴな態度を読みとることができる。また参照、Y. Higuchi, La conception gaullienne des institutions dans les perspectives du droit constitutionnel comparé, in *Espoir*, no 85, sept. 1992, p. 30 et s.

八　ドイツから見た「フランス近代の典型性」

――経済史学の問題として

「ドイツから見たフランス近代の典型性」という問題の出し方をするとき、多くのひとびとがまず念頭に浮かべるのは、マルクス＝エンゲルスが、階級闘争と市民革命が最も徹底的にたたかいぬかれた国としてのフランスを、ドイツの一八四八年と対比させてとりあげる、あの構図であろう。貫徹されなかった革命のゆえにもつ負の歴史的遺産をせおう側から、市民革命の歴史的意義を照射するというこの構図は、ほかならぬ一九四五年＝戦後解放の課題に当面した日本社会科学によっても、共有されていた。今では「流行遅れ」に見えるそのような問題の発信者として、国際的な革命史学に貢献した高橋幸八郎のつぎの言葉は、なおこだわるに値する。

――「……われわれは、西ヨーロッパで一世紀も以前に提起され解決された歴史的経験を、われわれ自身の社会的実践のうちに、世界史の法則として直接確認しようとしている。死者、生者を捉う。逆にまた、生者、死者を蘇らすのである。Le vif saisit le mort!」(1)

ところで、「農民革命を強力なる推進力として、近代社会の自生的成立を妨げたところの領主的土地所有〔封建地代及び農奴制〕を廃棄し、従って又前期資本〔所謂商業資本及び高利貸附資本」支配の社会的条件を清掃し、かくすることによって社会を全構造的に転換せしめつつ完全に自由な独立自営農民層を創り出した」ところにフランス革命の「古典」性を見出す高橋史学は、革命が一七八九年＝九一年の段階にとどまることなく、「ジャコバン的理想」＝一七九三年の段階を経過することによってこそ、「新たな資本制生産の自由な展開を孕む母胎が形成された」とするのである。[2] 高橋理論による貢献をも重要な柱としてフランス革命史学の主流をかたちづくってきたそのような見解は、しかし、アルベール・ソブール（Albert Soboul）を最後の頂点として、今日では、支配的なものとはいえなくなってきている。フランソワ・フュレ（François Furet）などを旗手とする「修正主義派」が活発な論陣を張っていること、そこで提起されている諸論点の意義、などについて、ここでは、コメントをくわえる余裕がない。[3] それゆえ、社会・経済的基礎過程のその後の歴史展開にとって、一七九三年こそが「社会の近代化のための必須な前提条件」[4] であったかどうかは、別としておくほかない。しかし、ここでの主題にかかわる「近代憲法にとってのフランスの典型性」という問題視角からするならば、今かくあるようなフランスの法・権力構造の基本は、一七八九年が一七九三年によってフォローされたことによって決定づけられたのであり、右のような論争的争点に直接に立ち入ることなしに、以下の叙述をすすめることが許されると考える。[5]

(1) 高橋幸八郎『市民革命の構造』(御茶の水書房、一九五〇年)序v頁――傍点は原文。
(2) 高橋幸八郎『近代社会成立史論』(御茶の水書房、一九五三年〔初版日本評論社、一九四七年〕)六頁。
(3) この点につき、ミシェル・ヴォヴェル(遅塚忠躬訳)「フランス革命史研究の現状――革命二百周年を前にして――」『土地制度史学』一一七号(一九八七年)を、訳注および訳者あとがきとともに参照せよ。憲法論上の関心から革命＝人権宣言二〇〇年前後の歴史学の動向を照射しようとするものとして、本書前出三註(3)引用の辻村みよ子教授の著書・論文を参照。
(4) 高橋『近代社会成立史論』(前出)六頁。
(5) なお、憲法論にとっての高橋史学の基本的重要性についての私の考えは、仏文で書かれた論文集H. Kohachiro Takahashi, *Du féodalisme au capitalisme: problèmes de la transition*, Paris, Société des Etudes Robespierristes, **1982** によせた書評、「『デモクラシー』論にとっての比較経済史学と、比較経済史学にとっての『デモクラシー』論」初出一九八四年、『何を読みとるか――憲法と歴史』(東京大学出版会、一九九二年)所収一五二頁以下で述べておいた。

九　ドイツから見た「フランス近代の典型性」
――法＝権力構造の問題として

同じく「ドイツから見たフランス近代の典型性」といっても、社会経済史学上の問題が日本の学界にひろく共有されてきたのにくらべて、ここでの本題ともいうべき法＝権力構造上の問題は、日本の学界では、奇妙なほど議論されてこなかった。前者の問題でのマルクス＝エンゲルスに対応する論者は、後者の問題についてはカール・シュミットであり、両大戦間期から今日までシュミット論は日本でたえず学界や論壇での関心対象だったことを考えれば、その奇妙さはいっそう大きいが、なぜそうだったのかについては、この節全体がひとつの回答になるはずである。

さて、シュミットの憲法学の体系を提示した〈*Verfassungslehre*〉(Berlin, 1928) は、ドイツにとって伝統的な〈*Staatsrechtslehre*〉という書物の標題をあえて採らず、実証主義的「国法学」の外に放逐されていた「憲法学の根本問題」を正面からとりあげようとするものであった。その際、シュミットの体系の中心に置かれたのが、「実定的憲法概念」すなわち「政治的統一体の態様と形式に関する全体決定としての憲法」であり、個々の憲法律と区別されたものとしてのそれは、「憲法制定権力の一箇の行為によって成立する」とされた[1]。そうした文脈のなかで、シュミットは、フランスの典型性に執着する。――

「一七八九年のフランス革命において、自由主義的および民主主義的な要素の混合した近代的憲法が成立する。この近代憲法の思想的前提は、憲法制定権力の理論である。このために、フランス革命の国家理論は、たんに後世全体の政治的教義にとってばかりでなく……、近代憲法学の実定法的・法律学的理論構成にとっても、ひとつの主要な源泉となる。憲法制定権力は、政治的に実存する存在としての Volk を前提とする。"Nation" という語は、含蓄ある意味で、政治的意識にめざめた行動能力のある Volk を表わす。歴史的には、ヨーロッパ大陸では、政治的統一と国民的完結性というこの基礎的な諸観念が、絶対君主政の政治的完結性の結果として成立し、他方イギリスでは、中世的な構成体から国民的統一への間断なき発展が、『島国たることが憲法の代りとなった』ために可能となった、と言うことができる。しかるに、近代ヨーロッパ国家の古典的模範であるフランスでは、国法的意味における Nation の概念も、はじめて理論的に捉えられた」。「Nation が、憲法制定権力の主体として、絶対君主に対立し、君主の絶対主義を除去すると、Nation が、同様に絶対的に、君主にとって代る。Volk は、今や、自らの国家のなかで自分自身を政治的に確認するから、この場合、絶対性は変ることなく、むしろ一層強力に存続する。この事象の政治的効果は、国家権力の増大、きわめて強度の統一と不可分割性、unité と indivisibilité であった。……フランス革命の政治的に偉大な点は、あらゆる自由主義的および法治国的諸原理にもかかわらず、フランス人民（Volk）の政治的統一の思想がかたときも決定的な目標たることをやめなかった所にある[(2)(3)]」。

かようにシュミットによって照らし出されたフランス革命の近代憲法にとっての意義は、ひとことでいえば、中間団体を担い手とする多元主義を原理的に否定して諸個人と集権的国家の二極構造を定礎した、というところにあった[(4)(5)]。彼にとって、「政治的にいえば、階級概念」、「憲法・国法的には、近代的な結社の自由」によって危くされている「本来の」主権概念を救い出すことこそが問題だったのである。[(6)] さかのぼれば、多年にわたる領邦諸国家の多元的分立のもとで意識されつづけてきた、統一ドイツという課題性があった。

（1）シュミット（尾吹善人訳）『憲法理論』（創文社、一九七二年）二一—二二頁。

（2）『憲法理論』六三—六五頁。傍点は原文ゲシュペルト。訳文をごく一部変えた所がある。

（3）引用のなかでシュミットが「自由主義的および法治国的諸原理にもかかわらず」と言っている点については、留保が必要である（本文一〇）。なお、シュミットは、「近代憲法の法治国家的構成部分」と「政治的構成部分」を対置させつつ、自己の憲法学を体系化した。主著『憲法学』が、「憲法の概念」（第一部の標題）を論じたあと、これら二つの順で叙述をすすめている（第二部・第三部の標題）ことは、第四部で連邦制を扱うことによって「政治的統一体」のドイツ的表現を吟味するという構成とともに、重要なことである。

（4）シュミットにとって〈politische Einheit〉（ポリスの一体性＝政治的統一性）のモデルとしてローマ教会とフランス絶対王制が引照されていたことの意味について、何よりも、和仁陽『教会・公法学・国家——初期カール＝シュミットの公法学』（東京大学出版会、一九九〇年）。特に〈institutionelle Garantie〉の観念をとりあげ、それを、「(彼の見地からすれば) 破砕されるべき中間団体に、憲法上の保障（Garantie）を与えるものであり、彼のいう憲法理論（Verfassungstheorie）からすれば許されないはず」のワイマール憲法の諸規定（地方自治、大学自治、職業官僚制）を説明するためのものとして位置づけるのが、石川健治「カール・シュミット『制度体保障』論・再考㈠——主権・制度・自由の法ドグマーティク——」（『東京都立大学法学会雑誌』三二巻一号）である。石川論文は、この観念の核心が何か（「自由」）を「制度的に」保障することではなく、「制度」＝中間団体を憲法上の存在とするところにあることを明確にした指摘として、重要である。この論点についての短いコメントとして、私の『憲法』二五〇頁。

（5）ちなみに、フランスにとってのシュミットはどうだっただろうか。この論点をドイツの側から見たM・

バルドゥスは、「カール・シュミットの業績にとって、フランスの精神史は巨大な意味をもっていた」のに対し、「少なくとも一九七〇年代の半ばまで」フランスではシュミットへの関心がほとんどなかった、と書き出した論文で、「フランスでのシュミットの継受」が始まっている、と論じている（Manfred Baldus, Carl Schmitt im Hexagon, Zur Schmitt-Rezeption in Frankreich, *Der Staat*, 26. Band, Heft 4, 1987, S. 566–586)。

たしかに、翻訳として、七〇年代の『政治の概念』『パルチザンの理論』につづいて、八〇年代後半になって『陸と海』『政治神学』『議会主義』がつぎつぎと出され、『憲法学』（九三年）も出版された。その背景に、バルドゥス論文が主として問題とするように、八〇年代フランスの「新右翼」的思想潮流があることは、たしかである。そのような傾向に属する雑誌 *Nouvelle Ecole* が、シュミットの全面特集を組んだことにも、それはあらわれている（no 44, avril 1987）。しかしまた、左翼（フランス語的意味での）的知識人の週刊誌 *Nouvel Observateur* の常任論説委員J・ジュリアールが書いているように、「いかにして、ひとは親ナチ的知識人であると同時に、政治という事実についての真正の思想家でありうるだろうか。このドイツの哲学者は、昨日右翼によって祝福され、今日左翼によって『再読』されるという奇妙な快挙をなしとげるだろう」という側面があることも、たしかである（Jacques Julliard, Faut-il lire Carl Schmitt?, *Nouvel Observateur*, 29 déc. 1988–4 janv. 1989, p. 73–75)。他方、〈Repräsentation〉論の特集にあてられた *Droit, Revue française de théorie juridique*, no.6（1987）で、シュミットの *Römischer Katholizismus und politische Form* と *Verfassungslehre* が「独自の Repräsentation 理論」を提示していることに注意を喚起した Olivier Beaud, 〈Repräsentation〉 et 〈Stellvertretung〉: sur une distinction de Carl Schmitt のように個別テーマの論究についてシュミット理論が参看される例もふえてきている。なお、「フランスでのカール・シュミット」という論点については、別稿「最近のフランスでの両大戦間期ドイツ憲法学」芦部信喜先生古稀祝賀『現代立憲主義の展開・下』（有斐閣、一九九三年）所収を参照。

（6） C. Schmitt, *Die Dikatatur*, 1921, Vorbemerkung, S. x.

一〇　市民革命の意義

――主権と人権の密接な連関と緊張

「政治的統一」と「国民的完結性」とが「絶対君主政の政治的完結性の結果として成立」した、と述べると同時に、「強度の統一と不可分割性」がフランス革命によって「一層強力に存続」することとなった、というシュミットの指摘は重要である。実際、絶対王制が身分制の網の目によって支えられているかぎり、集権的国家の完成度という点で絶対王制は必ずしも「絶対」でない、ということは、歴史家によって近年特に指摘されてきた点である(1)。身分制的社会編成原理を否定して諸個人と国家の二極構造を生み出すことによってこそ、近代市民革命が集権的国家を完成させるのであり、その点でまさしく、フランス革命は典型的だったのである。

その意味からすると、「あらゆる自由主義的および法治国的諸原理にもかかわらず」「人民の政治的統一」（傍点筆者）が追求された、というシュミットのいいまわしには、留保が必要であろう。市民革命は、身分制社会の多元性を克服して、近代的意味での「自由主義」の究極にある個人を析出することによってこそ、「人民の政治的統一」・集権的国家を達成したのだったからである。

同じことを別の定式化でいいあらわすとしたら、近代市民革命の時点での、主権と人権の密接不可分の連関と緊張、という問題にほかならない。もちろんそれは、〈国民が主権者になれば、その国民の権利はそれだけよく保障されることになるはずだ〉、という類の公式論についてのことではない。そうではなくて、第一には、身分制原理を否定する国民主権によってはじめて、個人が解放され、人一般の権利としての人権が成立する論理的前提がもたらされた、という意味での主権と人権の相互連関である。第二には、それまで諸個人の解放を妨げていたと同時に保護の楯の役目をしていた身分制が否定されることによって、いわば裸の個人が国家と直接に向き合うこととなったところから生ずる、主権と人権の間の緊張である。(2)(3)

この第二の側面、個人と集権的国家の二極構造モデルにおける主権と人権の緊張に対して、それを緩和しようとする問題志向の文脈のなかで、「典型としてのフランス」が、別のモデルのもちうべき意味を模索しているのが、今日の状況であり、その検討は次項の課題となる。ところで、ドイツから見た「フランスの典型性」にこだわるシュミットを、「国家と社会の二元論」の代表とし、「国家と社会の一元論」の代表としてのルドルフ・スメントと対比させる定式化が、一般的である。(4) この、二元論・一元論といういいまわしについては、ここでの文脈に関連するかぎり、つぎのことが注意されるべきである。

集権的国家と諸個人の二極構造にあっては、国家から自由な空間に置かれるべき諸個人がすなわち「社会」なのであり、諸個人と国家の中間に「社会」を想定するのではない。この点については、一七八九年宣言四条（「自由とは、他人を害しないすべてのことをなしうることにある」）と同五条（「法律は、社会に有害な行為しか禁止する権利をもたない」）の対照が示す、「他人」＝「社会」の等式が示唆的である。[5] ここでは、「社会」の独自存在性が否定されるのであり、「二元論」を語ることができるとしたら、それは、諸個人の総称というかぎりでの「社会」と国家が対置される、という意味でのことなのである。他方、「二元論」とよばれているものは、「社会」の諸勢力による国家への統合を想定し、国家をも「社会」の一形態と見る点でそうよばれるのであるが、（少なくとも建前として、「社会」への個人の全き埋没までも主張するのでない限り）個人と国家のほかに「社会」というアイテムを重視するというかぎりでは、ひとつの三分法《トリロジー》となっているのである。

（1）二宮宏之「フランス絶対王政の統治構造」（一九七九年、『全体を見る眼と歴史家たち』〔木鐸社、一九八六年〕所収）。

（2）主権と人権の密接な連関と緊張、という問題意識を共有したうえで、人権主体としての「『人一般』への懐疑」を問題にする文脈で、ジンメルに従って「一八世紀的な量的個人主義」と「一九世紀的な質的個人主義」の対比にふれつつ、人一般としての個人よりも個性としての個人、というべき論点を提示するのが、石川健治「自分のことは自分で決める――国家・社会・個人」（樋口他共著『ホーンブック憲法』北樹出版、一九九三年）一四一頁以下である。「人一般にひそむ普遍的本質」よりも個性を、という考え方は、「人一般」という容れものの中をどう充填するか、という意味であるならば、「量的個人主義」が当然に予定していたことがらというべきであるが、「生きた団体（さらには社会関係そのもの）の具体的実質」へのかかわり方次第では、端的に、個人主義と正面衝突することになるだろう（帰属集団への個人の「回収」）。

（3）ルソー＝ジャコバン型モデルの意味を強調する議論が、一九七〇年代の私の「主権より人権を」という主張とどうつながるのか、という批判的疑問については、本書後出第Ⅳ章第二節で、森英樹教授への答えとしてのべておいた。この点に関する批判的指摘として、杉原泰雄「民主主義と人権の保障」（芦部信喜先生古稀祝賀『現代立憲主義の展開・上』有斐閣、一九九三年）四〇―四一頁。同種の指摘として意味をもつ、渡辺康行「多数だけでは決めない仕組み」（樋口他共著『ホーンブック憲法』前出註（2））二六七頁以下を見よ。ルソー＝ジャコバン型モデルの意味を強調し、「公共」を重視して反法人主義をとるという私の立場が、さまざまの問題場面で整合的になっているか、を問うものとして、石川健治・前出註（2）論稿一五五頁、それに対する私の当面の答えとして同書二二二―二二三頁。

（4）日本での文献として、特に、藤田宙靖「E・W・ベッケンフェルデの国家と社会の二元的対立論――現代西ドイツ公法学研究ノート㈠㈡」『法学』四〇巻三号、四一巻二号（一九七六―七七年）、同『行政法学の思考形式』（木鐸社、一九七八年）八九頁以下、三六〇頁以下、栗城壽夫「西ドイツ公法理論の変遷」『公法研究』三八号（一九七六年）、同「ドイツにおける『国家と社会の分離』をめぐる議論について」『社会科学の方法』一三巻一二号（一九八〇年）を参照せよ。

（5）「（この対照は）『社会』イコール『他人』の等式を明るみに出す。すなわち、社会――人民――を、最終的にそれ以上還元不能の諸個人の総計に還元し、自律性もそれ自体としての目的性ももたない単なる道具としての国家の透明性を確認することである」（Stéphane Rials, *La déclaration des droits de l'homme et du citoyen*, Paris, Hachette, 1988, p. 396-397）。

なお、国家と社会の「一元論」と「二元論」を対比させる図式への私のコメントとして、『権力・個人・

憲法学』（学陽書房、一九八九年）二六頁以下、とりわけ三七―三八頁を見よ。

一　ルソー＝ジャコバン型国家像

シュミットによって照射された「フランス近代の典型」は、フランスの論者によって、〈主権＝政治の万能＝国家とその法律 loi の優越＝一にして不可分の共和国〉という脈絡で、ルソー＝ジャコバン主義のイメージとともにとらえられることが多い。(1) 日本での「ジャコバン主義」の語感との関連で蛇足ながらつけ加えるならば、ここでルソー＝ジャコバン主義とは、「一七八九年」を否定するものとしての「一七九三年」――ひとによっては「ブルジョア革命」からの逸脱としてとらえるところのそれ――の象徴という意味で用いられているのではなく、反対に、フランスの近代法＝国家構造そのものを特徴づける、個人対集権国家の二極構造のシンボルとしてのそれ、政治思想史家フランソワ・ビュルドーの表現を借りれば、「自由主義であれ民主主義であれ社会主義であれ、一九世紀の主要な諸思想」によって「滅多に疑問視されることがなかった」「国家中心的社会」(société stato-centrée)(2) のこと、を指すのである。

ところで、注意すべきことは、個人↕国家の二極構造の成立という、ここでのいちばん根源的な論点に関するかぎり、実はイギリスの思想がフランスより先行していたはずだ、ということである。

ホッブズが、「人間」（『リヴァイアサン』第一部の標題）、それも「感覚」（同第一章の標題）でとらえることのできる人間個人を出発点として「コモンウェルス（国家）」（第二部の標題）を想定し、個人と国家の二極構造をえがき出していたことが、まず重要である。そして、ロックも、諸個人にとって〈proper〉なもの、という語源的意味での〈property〉を全体系の根底において彼の『市民政府論』を展開した。ロックとルソーについては、「からの自由」と「への自由」として両者を対置し、イギリス型とフランス型の実定制度をそのことによって対比的に説明するのが一般的であり、それはそれで有効なひとつの説明図式である。しかし、ここで肝心の主題としている集権的国家を前提とした多数派デモクラシー・モデルとしては、ロックとルソーの相違は、むしろ相対的というべきであろう。

たしかに、一六八九年のイギリスは、身分制的自由と身分代表的両院制などの伝統を援用し、そのこと自体、ホッブズ→ロックの論理が要求する個人対集権的国家の二極構造性をやわらげる役割を果たした。この側面は、形式・内容ともに逆説的に換骨奪胎されながらであるが（この点については後述）、アメリカ合衆国の多元的社会観となってひきつがれてゆく。イギリス近代憲法の、このような伝統的制度と論理との緊張関係を反映して、一六八九年の憲法定式の読みとり方自体、二つの立場が分かれることとなる。意思によって左右されぬ、伝統の果実である身分制的秩序の中にしか自由は確保されない、と考えるE・バークは、そのような見地から権利章典をとらえ、他方で、T・ペインは名誉革命を、まさしく議会の意思による革命としてとらえたのであった[3]。

ルソー＝ジャコバン型の国家像を典型として扱う際には、以上のことに留意を払うことが必要である。

（1）たとえば、Jacques Julliard, *La faute à Rousseau*, Paris, Seuil, 1985.

（2）François Burdeau, L'Etat jacobin et la culture politique française, *Projet*, mai-juin 1984, p. 633, 637（大津浩訳「ジャコバン国家とフランスの政治文化」『新潟大学法政論集』二二巻四号、一九九〇年がある）.「ジャコバン国家とは、実際には、一七九三年春の革命政府からテルミドールまでの一四ケ月ほどの一経験」なのだが、「政治上の言説にあっては、後見的かつ集権的な国民国家の別名である」（p. 633）。彼によれば、これまで疑問視されることが少なかった、そのような国家のあり方に対し、「福祉国家のおどろくほどの高度化」と「中央集権主義の価値についての幻滅」のあと、左翼の「反ジャコバン主義」があらわれ、「六八年五月」以降、「〝一にして不可分の共和国〟は、左翼の批判の的となった」。もっともビュルドーは、左翼による八二年法の地方分権改革（本文で後述）を、そのような傾向を本格的にうけつぐものとは見ておらず、左翼「〝ジャコバン的〟行政秩序を入れかえる déménager」よりは「整備する aménager」ものとなっている、というのであるが（p. 637, 639）。

（3）Philippe Raynaud, La déclaration des droits de l'homme, *The Political Culture of the French Revolution*, edited by Colin Lucas, Paris, Pergamon Press, 1988, p. 139-149.

一二　一九七〇—八〇年代の転換

さて、右に見た意味でのルソー＝ジャコバン型国家像は、フランスでの近代憲法の確立期といえる第三共和制期以来、「一般意思の表明としての法律の至高性」という観念のもとで、徹底した議会中心主義という形態で実定化されてきた。それに対し、第五共和制憲法（一九五八年）は、議会中心主義に対する挑戦としての大統領中心主義を骨格としてつくられ、ド・ゴール大統領によって、まさにそのようなものとして運用された。しかしそこでも、「一般意思＝法律の至高性」という前提そのものが疑問に付されたわけではなかった、ということは特に注意に値する。議会中心主義は、一般意思の定立権を議会が独占することを意味していたが、いまや、一般意思の権威の源泉であるはずの国民意思が議会の上位に置かれ、大統領がその国民によって直接公選されることによって、また、人民投票付託権を議会に対して対抗的な武器として用いることによって、大統領の地位と権能が強く正統化されることとなったのである。

統治機構の構造から見たそのようなとらえ方は、統治機構の機能を問題にするときには、いっそう強くあてはまる。第三→第四共和制期の議会中心主義は、強力で安定した多数派を生み出すことができなかったために、「一般意思」の強力な担い手が欠け、集権的・多数派デモクラシーが機能しなかったからである（この点は、イギリスの議会中心主義と対照的であった）。それに対し、第五共和制の大統領中心主義構造のもとで、初期にはド・ゴール大統領の強力な威信のゆえに、ついで大統領多数派と議会（下院）多数派の一致によって支えられることによって、集権的・多数派デモクラシーが十全に機能することとなり、一九八一年の政権交代での大統領および議会多数派の入れかわりを経験することによって、多数派デモクラシーは完成形態に達したのである。

それに対して、同じ第五共和制憲法の、一九八〇年代以降（以下の第一点は七〇年代以降）の運用は、さまざまの点で、ルソー＝ジャコバン主義的な国家像そのものを動揺させる要素を見せてきている[1]。

第一は、一九五八年憲法によって設けられた憲法院が、一九七一年の著名な一判決をきっかけとして、違憲審査機関としてきわめて重要な役割を演ずるようになったことである[2]。その際、「一九四六年憲法によって確認され補完された一七八九年宣言」への「愛着」に言及した、ごく簡単な憲法前文を手がかりとして、憲法院は、一七八九年宣言、一九四六年憲法前文、および（一九四六年憲法前文に出てくるいいまわしである）「共和国の諸法律によって確認された基本的諸原理」に、法律の憲法適合性を判定する裁判的規範性をあたえた[3]。

こうして、一般意思の表明とされてきた法律の憲法適合性が、裁判的方法によって審査されることとなった。さきに見たように、議会中心主義から大統領中心主義（およびその正統性根拠としての直接民主主義）への転換は、一般意思の優位という前提を共有したうえでの変化であった。それに対し、ここで問題にしている変化は、議会中心主義からの転換というだけでなく、議会中心主義というあらわれ方をしてきた統治構造の基礎を形成してきた近代フランスの集権的国家構造そのものが再点検に付される、ということを意味する。

憲法院の活性化は、そのようなものとして、法学者や法曹界をこえた知的関心を刺激したが、そうしたなかで、雑誌『エスプリ』の「法と政治」特集で、同誌を主宰するポール・ティボーが、「フランスの政治生活を支配してきたルソー的＝ジャコバン的伝統」との矛盾を問題にしたのは、右に見たような意味で、適切であった。(4)

第二は、一九八一年に成立したミッテラン政権による地方分権改革である。「六八年五月」以後、「自主管理」型志向の一環として分権の課題が意識されてきており、思想や運動としての「地方主義」（régionalisme）の一定のたかまりがあった。(5) そうした経過を背景として、「市町村、県および州の権利と自由に関する」一九八二年三月二日法律をおもな法的手段として、一連の地方分権改革が行われたが、(6) ここでも、「ジャコバン主義」的伝統との衝突が意識されることとなる。八二年法成立以前の地域主義的志向について、「ジャコバン主義が長い王政期の伝統からひきついだ集権的国家という憲法の考え方を、疑問に付している」ととらえ、そこでは、「公権力の整備の仕方」という問題次元にとどまらず、「憲法の観念そのものが疑問に付されているのではないか」という指摘があったこと[7]は示唆的である。

第三は、一九八六―八八年の〈cohabitation〉体験である。この間、公選大統領職と下院多数派が対立する政治勢力によって占められ（前者＝社会党対後者＝保守連合）、行政府の内部で、大統領と下院多数派に基礎を置く政府との二頭性が顕在化し、保守連合政府の閣議を社会党出身の大統領が主宰する（憲法九条）という状況が生じた。この経験に対して世論はおおむね好意的であったし、〈cohabitation〉への評価をいわば媒体として、「社会体」（corps social）や「市民社会」（société civile）といういい方で表現される多元的な社会単位の積極的な位置づけが、行われるようになった[8]。

多元的な社会単位の役割を積極的に肯定し、それらの間の協調が重要な役割を演ずるような社会像をえがく傾向は、「一にして不可分の共和国」像を前提として「一般意思」による一元的統一を想定する、伝統的なフランス近代の国家像とは、たしかに対照的な要素を含んでいるといえるだろう。

（1）　本文の以下の記述に関連して、行論の都合上一部重複しているが別著『近代憲法学にとっての論理と価値――戦後憲法学を考える――』（日本評論社、一九九四年）第Ⅳ章第一節をも参照されたい。

（2）　別著『現代民主主義の憲法思想』（創文社、一九七七年）八〇頁以下を参照。

（3） 現行憲法による違憲審査制は、国会により議決された法律が大統領によって審署されるあいだの期間にかぎっての事前審査であり、確定的に成立しおわった法律については審査が及ばず、また、司法裁判所・行政裁判所が法律の違憲審査をすることができないという点でも、フランス的伝統は維持されている。それに対し、もう一歩すすんで、憲法院の活性化のうちに、通常裁判所によるアメリカ流の違憲審査制への発展の萌芽を見てとる観察もある。Hurbert Gourdon, "An american dream" : Le Conseil constitutionnel et les libertés, *Revue politique et parlementaire*, sept.-oct. 1986, p. 33 et *s.* は、標題が示すように、大革命以来の「いわゆるジャコバン的伝統」からの「改宗」を指摘する文脈で、懐疑的論調を含めながらそのことを論ずる。

（4） Paul Thibaud, Droit et politique, *Esprit*, mars 1980, p. 5. もっとも、ティボーが、これまでフランスで人権宣言が裁判的方法による強行性をもたなかったことの理由を説明して、「人権宣言の存在と……ルソー的＝ジャコバン的伝統との間の矛盾のゆえ」と言うときには、留保が必要である。人権宣言は「人の、時効によって消滅することのない自然の諸権利」（二条）を掲げたが、他方で、「一般意思の表明としての法律」（六条）にその実現を託していたのであり、その意味では、人権宣言自体のなかに内在していた「矛盾」だといえるからである。

（5） A・トゥレーヌ他（宮島喬訳）『現代国家と地域闘争——フランスとオクシタニー——』（新泉社、一九八四年）、宮島喬＝梶田孝道編『現代ヨーロッパの地域と国家——変容する〈中心—周辺〉問題への視角——』（有信堂、一九八八年）。

（6） 磯部力『フランスの地方議会制度——一九八二年の改革を中心に——』（東京都議会議会局、一九八五年）による、条文と解説を参照。

（7） Jean-Louis Seurin, Présentation, *Le constitutionnalisme d'aujourd'hui*, Paris, Economica, 1984, p. 9——これは、一九七九年のコロキウムでの発言である。

（8） この点につき別著『権力・個人・憲法学』（学陽書房、一九八九年）の第Ⅲ章「同質＝多数派デモクラシーと異質＝協調デモクラシー――〈cohabitation〉体験の比較憲法論上の射程――」を参照。

一三　フランスから見たアメリカ合衆国のモデル性
――トクヴィル＝アメリカ型国家像

ルソー＝ジャコバン型の近代国家像にあっては、中間団体を否認する〈国家↕個人〉の二極構造のもとで、国家権力だけが正統のものとされる。この集権モデルのもとでは、立法府のつくる国家の法＝一般意思の表明としての法律 loi が、法 droit のあり方を独占する。それに対して、結社の存在を積極的に容認し、社会的権力もまた正統性をもちうるという前提のもとで多元モデルを描くのが、アメリカ合衆国である。

ここでは、社会の法が、訴訟当事者、特に lawyer を担い手として形成される判例というかたちであらわれ、立法の際にも、lobbying というかたちでの諸利害の調整が、公然と行われる。アメリカ憲法のエスプリの表白ともいうべき『ザ・フェデラリスト』で、マディソンは、「派閥《ファクシオン》の弊害とその匡正策」（第一〇篇のタイトル）を論ずる文脈でのことであるが、「土地所有者の利益、製造業者の利益、商業利益、それに金融業者の利益はその他多くの群小利益群とともに、文明諸国に必然的に生ずる」としたうえで、「これら種々の相反する諸利益群を調整することこそ、近代立法の主要任務を構成する」と述べていた[1]。

こう見てくるならば、ルソー＝ジャコバン型国家像の動揺という傾向のなかで、最近のフランスで、『アメリカにおけるデモクラシー』の著者トクヴィルがあらためて脚光を浴び、アメリカの法・政治・社会観をめぐる議論がさかんとなっているのは、それだけの理由がある。ルソー＝ジャコバン型国家像とトクヴィル＝アメリカ型国家像の対比は、われわれにも示唆をあたえてくれるはずである。

実際、一九世紀半ばにアメリカを観察したトクヴィルが着目した三つの特徴は、さきにわれわれがとり出した一九七〇年代以降のフランスの三分野にわたる構造変化に、みごとに対応しているのではないだろうか。第一に、アメリカ社会での司法の役割には、フランス憲法院の違憲審査の活性化による権利保障の傾向が対応し、第二に、連邦制とコミュニティ・タウンによる分権システムには、地方分権改革が対応し、第三に、自発的結社への嗜好には、多元的社会単位の役割への世論の好意的反応が対応する、というふうに。

フランスの側からのアメリカへの関心を示す代表例といってよいのが、コーン・タニュジの『国家なき法――フランスとアメリカのデモクラシー』(一九八五年)であり、高等師範《ノルマリヤン》大学出身でハーヴァード・ロー・スクールに学び、ニューヨークとパリで弁護士実務をしているこの若い論客の本は、「トクヴィル以来アメリカ合衆国について書かれた著作のうちで最もトクヴ

ィル的なもの」(同書によせたStanley Hoffmannの序文の書き出しの言葉)として、注目をあつめた。(2)

コーン・タニュジは、一九八一年に登場したミッテラン左翼政権が、初期には国有化政策による国家規制の強化の方向をもうち出したが、むしろ、地方分権政策やラジオ・テレビの規制緩和政策に見られるような方向性を推進していることに、注目する。そのうえで彼は、これまでのフランス、すなわち「二世紀のあいだフランスでうち立てられてきたイデオロギー体系」と、「ルーズヴェルトからレーガンまで」の、すなわち、「リベラル」か「保守革命」かを問わず貫流している「いわば、『永遠の』アメリカのイデオロギー体系」(3)とを、対照させるのである。法廷をモデルとして構成されるアメリカ型デモクラシーが「対審的——言葉の司法的意味での——、弾劾的、紛争解決的」であるのに対し、フランス——一般的にヨーロッパ——のデモクラシーは「アメリカ人の目から見ると一体的、『全員一致的』」だ、という指摘(4)は、ここで問題にしている、多元モデルと集権モデルの対比のさせ方に、対応している。また、アメリカについて司法の法創造にあたって果たすlawyerの役割と、その養成機関としてのLaw Schoolの重要性を、(これまでの)フランスについて法創造を独占する立法の執行の任にあたる官僚の役割、およびその養成機関としてのＥＮＡ(国立行政学院)の重要性と対比的に指摘する点も、(5)

この項の最初に図式化したわれわれの認識と一致するものとして、興味深い。

（1）斎藤眞＝武則忠見訳『ザ・フェデラリスト』（福村出版、一九九一年）四三頁以下。

（2）Laurent Cohen-Tanugi, *Le droit sans l'Etat, Sur la démocratie en France et en Amérique*, Paris, P. U. F., 1985.

（3）*op. cit.*, p. 15-17.

（4）*op. cit.*, p. 92-93.

ここで、「フランス——一般にヨーロッパ」といういい方がそのまま成り立つかどうかについては、異論がある。ホッブズ→ロックの系列でとらえたイギリスがここでいう「ヨーロッパ」に入るべきことは、——おそらく多くの人々の先入見に反して——さきに述べたとおりである。それに対し、フランス対アメリカという典型対置とはいちおう別の文脈からではあるが、ここでの議論にもかかわりをもつひとつの類型論が提示されており、それに従うなら、いくつかのヨーロッパ諸国は、ルソー＝ジャコバン型集権国家とは対照的なモデルによって類型化される。

オランダの政治学者レイプハルトが一九六九年に、アルトジウスの〈consociatio〉の観念を注記しつつ提唱した〈Consociational Democracy〉（「多極共存型デモクラシー」という訳語が有力である）という類型がそれである（Arend Lijphart, Consociational Democracy, *World Politics*, 1969, p. 207-225）。スイス、オランダ、第一次大戦以後のベルギー、第二次大戦以後のオーストリアなどを素材として構成されたこのモデルは、言語・宗教・民族などの多様性を統治構造のなかで意識的に併存させようとする、異質＝協調デモクラシーをえがき出すのであり、ホッブズ以来の同質＝多数派デモクラシー（英、仏の近代国民国家）とちがうあり方に、積極的な位置づけをあたえようとするものである。

（5）L. Cohen-Tanugi, *op. cit.*, p. 30 et s.

一四　二つの国家像の前提条件

ルソー＝ジャコバン型国家像とトクヴィル＝アメリカ型国家像の対置という図式については、しかしなお、補充的コメントが必要である。

第一に、アメリカ＝トクヴィルという等式化自体についての問題がある。アメリカの思想史家H・S・コマジャーは、「トクヴィルの誤り」と題する論稿で、トクヴィルの問題提起と警告の今日的意義を確認したうえで、——「小さな政府」を信奉するレーガン主義に対抗しつつ——、アメリカの州の多くはヨーロッパの国よりも大きい場合があるほどなのに、そのような連邦制下の地方政府と中央政府の役割の認識をトクヴィルが見落していたとし、「アメリカでの自由の拡大深化と強力な全国政府の間の因果関係」を指摘した。(1)

たしかに、トクヴィルのアメリカ認識がすべてにわたって的確であったかは別問題である。さらに、トクヴィルによって賞讃された、自発的結社を核として多元的社会から共和的統治を生み出す徳、という理念像に照らして見るとき、今日のアメリカ社会が多くの深刻な問題性をかかえているということも、たしかである。(2)

それらのことを承知したうえでなお、二つの国家像の対比を、これまで述べてきたような意味での有効性をもつ、と考えるのがここでの私の立場なのである。

第二に、二つの国家像を対比させるとき、当然のことながら、その成り立ちを支える背景の違いを、十分に考慮に入れる必要がある、ということである。

個人的国家の二極構造を徹底させるルソー＝ジャコバン型国家像については、それを「個人主義のゆえの国家依存」という視点から批判する見地がある。〈Etat-providence〉（フランス流の表現でいう福祉国家）は、実は古典的な近代国家（これを〈Etat protecteur〉という）の延長にほかならぬ、という見地から福祉国家批判をするP・ロザンヴァロンの問題設定[3]は、そのひとつである。その指摘はそれとして重要であるが、しかし、身分制的社会編成の網の目をいったん破砕して個人を析出するためには、個人的国家の二極構造を徹底させることは、どうしても必要な歴史的経過点だったはずである。一七八九年宣言に――もちろん一七九三年宣言にも――結社の自由が出てこないこと、逆に、ル・シャプリエ法による力づくの「個人」の析出が行われたこと（『資本論』第一篇第二四章）は、まさしく歴史の必然だったはずである。

それに対して、新大陸では、端的にいえば「始めに個人ありき」であった。だからこそ、そこでは、自発的結社（association）――身分的社団（corps）でなく――を語ることができたのであった。それゆえに、ここで問題となっている二つのモデルの対置は、個人主義対結社の重視という対比ではなく、反結社的個人主義と親結社的個人主義の対比であり、そこには、フランス革命とアメリカ革命の違いが反映していたのである。アメリカでは、諸個人の自然権→契約による政府→契約違反に対する制裁としての抵抗権、というロックの革命的論理をそのままに受け入れる（独立宣言の文言を見よ）条件があったからこそ、イギリス身分制的立憲主義の流れをひく多元主義的国家像を換骨奪胎のうえ継受することができたのであった。

近年のアメリカで、個人主義の系として抽き出される結社の自由とは別に、共同体集団の重要性を強調する communitarianism(4) が説かれるときも、アメリカこそが「ばらばらの個人」から出発した個人主義の典型だったという背景を念頭に置いたうえで位置づけることが重要である。この点は、日本の問題にひきよせて考えるときに、問題となるであろう。

（1） Henry Steele Commager, Tocqueville's Mistake: A Defense of Strong Central Government, *Harper's*, Vol. 269, No. 1611, August 1984, pp. 70–74.

"Tocqueville's Mistake" という標題は、その一年後にフランスで出版された Jacques Julliard, *La faute à Rousseau*（五三頁註(1)前出）が、ルソー型からトクヴィル型への国家観の転換を、ルソー型を掲げてきたフランス左翼の側から説くものであるのと対比させるとき、本稿の観点から見て興味深い。

（2） この点に関連し、前出コマジャー論文を含めて、近年のアメリカでのトクヴィル論につき参照、五十嵐武士「トクヴィルの風景――『アメリカのデモクラシー』とアメリカ論の展開――」『思想』七三三号（一九八五年）。

（3） Pierre Rosanvallon, *La crise de l'Etat-providence*, Paris, Seuil, 1981. ――これについては、私の別著

『近代憲法学にとっての論理と価値』（日本評論社、一九九四年）第三章第一節を見よ。

ロザンヴァロンの問題提起は、（フランス流の意味での）左翼の側からのものとして注目されるのであるが、通俗的には、保守派の側からの、形のうえでは同様な指摘がより一般的である。そのような議論の仕方を批判的に検討する論者が要約する定式化を借りれば、大革命が中間団体を破壊したことによって、「個人は、いまや万能となった国家に対面して全く孤立した状況におかれ」、「ロベスピエール＝レーニン＝スターリン＝ヒトラー＝ポルポト」の出現をうながすことになった、というわけである（Cf. Madeleine Rébérioux, Un processus qui s'étend sur deux siècles, *Revue politique et parlementaire*, juillet-août 1987, p. 11）。
（4） たとえば Ronald R. Garet, Communality and Existence : The Rights of Groups, *Southern California Law Review*, vol. 56, July 1983, pp. 1001-1075 は、個人価値（Personhood）、集団価値（Communality）、社会価値（Sociality）という三分法（Triple Value Schema）を軸とするが、その際、結社の自由は、Communality の問題ではなくて Personhood にかかわる個人の自由の問題であり、Communality にかかわって出てくる集団は、結社の自由に還元されないところのものなのである（なお、この論文については、佐藤幸治『現代国家と司法権』〔有斐閣、一九八八年〕二〇三頁以下に言及がある）。

一五　日本にとっての選択？

ルソー＝ジャコバン型とトクヴィル＝アメリカ型という二つのモデルは、それぞれの母国で、近代立憲主義の核心＝個人主義の国家像として機能した。西洋近代を本籍地とする近代立憲主義が、しかし日本国憲法前文のいうように「人類普遍の原理」としての価値をもつとしたならば[1]、とりわけ西欧文化圏の外にあってそのような普遍的価値を追求してゆこうとする社会にとって、二つのモデルはどのような意味をもつだろうか。ほかならぬ日本についての考察は、同時にそのような一般的な問いについての解答を求める努力に、一定の貢献をするはずである。

ルソー＝ジャコバン型個人主義モデルが国家の肥大によってかえって個人を危くする、という危険は、ほかならぬフランスでも、最近強く意識されている。それは、われわれが見てきたとおりである。しかしまた、そのフランスが熱い視線を向けはじめたトクヴィル＝アメリカ型モデルは、新大陸の解放された前提のもとではじめて――また、いまの議論に即していえば、ラディカルにひとつの個人主義モデルをおしつめて実現したフランスだからこそ――、多元的集団単位による個人の抑圧を意味しないということができる、という事情にある。

シュミットは、市民革命の欠如のゆえに集権的国家の十全な展開がなかったドイツの立場から、フランスの典型性に執着した。ひるがえって、一八八九年という日付に象徴される日本の近代にあっては、市民革命の欠如にもかかわらず集権国家を実現してしまった――これを、市民革命の欠如のゆえの集権国家、というふうに俗流的に定式化してはならない――ことこそが、問題であった。彼方では、個人の析出が十全でなかったがために主権の展開が十全でなかったとしたならば、此方では、個人なき主権の強調が実現してしまったのである。主権と人権の密接な関連と緊張、という論点についてはさきにとりあげたが、彼方では、密接な連関ゆえに両者ともが十全な展開を見なかったといえるならば、此方では、密接な連関そのものが成立しなかった(2)。

一八八九年体制下の日本では、最も重要な中間団体＝「イエ」が、国家権力に対する身分制的自由の楯としての役目を果たすよりは、国家権力の支配を伝達する下請け機構として機能した（「忠孝一本」）。一九四六年憲法によって、個人の解放がはじめて公にうたわれ（一三条前段、二四条）、「個人主義の弊害」をもたらしたことが憲法非難の一つの焦点とされる、という状況も生まれてきている。しかし、「日本は自然の共同体として生まれた国であり、決して、契約に基づいてつくられた国ではない……」と強調してやまない政治家が、首相在任中とびぬけて高い支持率を維持しつづけることができたのが、世論のありようである（中曽根康弘）。そうであるとするならば、一九八九年の日本社会にとっては、今日なお、中間団体の敵視のうえにいわば力づくで「個人」を析出させたルソー＝ジャコバン型モデルの意義を、そのもたらす痛みとともに追体験することの方が、重要なのではないだろうか。

一世紀半まえのイギリスを代表する知識人が述べたあの課題、〈political oppression〉からの解放と、それにもまして困難な〈social tyranny〉からの解放という課題（ジョン・S・ミルの自由論）は、今日の日本で、あまりに多くの局面での問題を投げかけている（「自粛」から「それなら日本を出てゆけ」まで）。そのなかで、社会的権力＝中間団体からの個人の解放という問題意識は、希薄なようである。

司法権の判断例でいえば、人権論でも、統治機構論でも、「法人」や「地域」や「職能」を、憲法論の重要な局面で無造作に用いる傾向がつよく、学説も、そのことの問題性に敏感に反応しているとはいえない(3)。

たしかに、ルソー＝ジャコバン型モデルにこだわる以外の選択肢がないわけではない。しかし、それならそれで、中間団体を正面から積極的に憲法論のなかにとりこみ、意識的に、団体の人権主体性の意味を吟味しつつ、政治権力＝国家に対抗する権力分立の担い手としての社会的権力＝団体の位置づけをし、それらを媒介する政治権力行使への参加の諸形態を開発することが、検討されなければならないはずである。

それを採るにせよ、それから離れようとするにせよ、「近代フランスの典型性」の意味は、大きくありつづけている。

(1)　そのようにいうことは、西洋近代の陰の部分を不当に見のがすことを意味するのではない。その点は、本書第I章でフランスに即した分析をする際にも、前提とされている。私自身の憲法論にとってこの論点の持つ重要さについては、別著『近代憲法学にとっての論理と価値』（日本評論社、一九九四年）第四章第二節、ごく簡単には、『憲法』七頁。

(2)　もとより、この言い方は、横の比較という文脈でのことであり、日本の歴史の縦の比較をするならば、一八六七―八九年の変革を境にして、集権的国家対個人という構造が成立したといえることは、いうまでもない。

（3） 裁判例への言及を含めて、別著『近代憲法学にとっての論理と価値』第三章第二節I。

第二節　問題点の検討
――近代立憲主義擁護と近代批判の見地

一六　二つの論点

フランス革命二〇〇年という節目にあたって、フランスの内外（日本を含め）で展開した議論には、ひとつの特徴があった。それは、フランス革命を、封建制から資本制へという生産様式の移行の画期として問題とするこれまでの経済史的視角に対し、この革命を、近代国民国家の完成としてとらえる国制史的観点からの関心が、より強く前面に出てきたということである。そのような関心の変化の背景にある大状況として、一九八〇年代に入って、「西」と「東」とで、それぞれちがった現われ方をしながらであるが、近代国民国家の自明性が大きく動揺してくる、という事実があった。近代国民国家の典型と目されてきた当のフランスでも、ヨーロッパ統合の進行のなかで国家＝国民主権の自明性がはじめて疑われてくるだけでなく、国内でも、フランス革命によって定礎された集権的国民国家のありようを反映する構造に、一連の変化が見られるようになった。一般意思＝法律の一元的支配という原理に対して法律違憲審査が制度化され活性化し、中央集権に対して地方分権改革がおこなわれ、国家中心主義に対して私的結社の意義と「市民社会」の役割が強調される、という一連の変化である。そうしたなかで、こういった変化を直接に反映する憲法論次元の議論が、憲法学界の域をこえて、ひろく他の社会諸科学や思想界、論壇の関心対象となってきている。

そのような文脈をふまえて、前節では、大革命以来のフランス型近代国民国家を「ルソー＝ジャコバン型」、八〇年代以降になって展開してきた新しい傾向を「トクヴィル＝アメリカ型」と名づける類型論を提示した。これら二つの国家像の対抗として事態をとらえることが、現在の大状況を認識する際に効果的だからと考えたからであり、これら二つのものの間の選択を問われているという意識を持つことが、日本国憲法の解釈論にとっても重要だと考えたからである。

そのような問題提起は、幸い、内外の論者の一定の関心を誘発し、批判的コメントを得ることができた。批判の要点は、大別して二つに分かれる。第一は、私のいう「ルソー＝ジャコバン型」国家像の持つ意義を、日本社会がその傷みとともに追体験する必要がある、と説くことへの批判であり、第二は、さかのぼって、「ルソー＝ジャコバン型」という類型を設定することと自体にむけられる批判である。以下では、その順序で、寄せられた批判のいくつかのものに即して、問題点を検討することとしたい。

一七　「型」の選択をめぐって

——トクヴィル＝アメリカ型からの批判

第一点については、まず、私自身の選択として提示しているのであるから、それとは別の選択がありうることは当然の前提とされている[1]。そして、私の提示した類型論の土俵にあがる労をとったうえで、私と反対に「より『現実的で実現可能な』デモクラシー・モデルとして、トックヴィル・アメリカ型に積極的な光りを当てることの方が、少なくとも、現在の日本の学説状況を前提にするならば、必要なことではないでしょうか」という選択を提示するのが、高見勝利教授である[2]。

さて、選択それ自体は、その人の価値判断の問題であり、私は、ここで、その優劣を直接に争おうとはおもわない。ここでは、高見教授の議論のうち、(1)トックヴィル＝アメリカ型が「より『現実的で実現可能な』デモクラシー・モデル」だとする点と、(2)「現在の日本の学説状況」の認識にかかわる点を、とりあげることとしたい。

第一点について――。現実に中間団体は存在しているのであり、そうである以上、中間団体排除型の個人主義モデルが「非現実的」であること、中間団体を想定したモデルの方が「現実的で実現可能」なことは、そのとおりというほかない。私があえて「非現実的」な個人主義モデルを、その痛みとともに追体験する必要にこだわるのは、かつての「家」、現在の「会社社会」――企業別労働組合という労働運動のありかたを含めて――という日本の社会そのものの現在の状況(「学説状況」では必ずしもないにしても)を勘定のなかに入れるかぎり、中間団体による自由よりは中間団体からの自由の追求を第一義に置く方が急務ではないのか、と考えるからである。中間団体からの自由による個人の析出を、その痛みとともに経験しないままで、「現実的で実現可能」なデモクラシー・モデルを選ぶことは、逆に個人の発見を棚上げしたままですますことになる、ということを何より重大だと考えるからである。

第二点について――。「憲法学説の上では、ルソー・ジャコバン型のデモクラシー像、社会像が横溢しており……」という高見教授の学説状況認識については、本節でとりあげているように、私の試論に対して今のところ少なくない貴重な批判がよせられている[3]のに対し、日本での好意的なうけとめ方としては、憲法学界の外から、歴史学の遅塚忠躬教授によるもの[4]ひとつがあるだけだという点が、すでに反証を提供している。

実際のところ、中間団体＝法人に自然人＝個人と同等の憲法上の権利主体性をみとめる最高裁判例に対し、憲法学界は、「法人の人権」という定式化をそれに与えることによって、その効果を増幅すらさせている。そもそも「人権」の観念が、主権主体としての近代国民国家の成立によって身分制的中間団体から個人が解放されることによってつかみ出されたのだ、という認識、「個人が国民国家を創ったのではなく、国民国家が個人を創ったのだ」[5]（M・トロペール）という認識が「横溢」（高見）しているとは、とてもいえない。憲法学の諸定式のうち「主権」を重視する論者も、外国からの干渉に対抗する国家主権、君主主権に対抗する国民主権、さらに、集団としての国民の自己決定としての国民（ないし人民）の主権を強調するという文脈でのことであって[6]、主権の担い手としての近代国民国家による中間団体の原則的否定を通してはじめて、人権の主体としての個人が成立したのだ、という脈絡には、ほとんど、少なくとも明示的には関心をよせていない。だからこそ、最も正統的な法学から「民主主義法学」まで、集団に対する楽観的見方と、個人へのこだわりを時代おくれと見るとらえ方が、支配的だったのである[7][8]。

私が「ルソー＝ジャコバン型」にこだわるのは、そのような現状認識を前提とし、それへのアンチテーゼの提出を意図しているのである。

(1) 私があえてトクヴィル＝アメリカ型という型を設定し、一九八〇年代以降のフランスでその型への志向が見られることを指摘し、また、それとの関連で、「多極共存型デモクラシー」の持ちうべき積極面にも言及していること（本書前出一三註(4)、『自由と国家』一五三―一五九頁、など）自体、そのことを示している。高柳良治「市場・職業団体・国家」（『歴史と社会13・市場社会――思想史にみる』）一四二―一四三頁は、むしろ、私の議論のその側面に着目して立論する。

(2) 深瀬忠一・樋口陽一・吉田克己編『人権宣言と日本』（勁草書房、一九九〇年）一〇一頁以下に収められている、高見勝利教授のシンポジウム「補足発言」。なお、このシンポジウムでの高見発言への私の直接の回答は、同書二二三―二二五頁。そこで回答しておいたように、高見教授の批判を、私は、二つの型を選択可能なものとして出している私の立論のうちの一方、すなわちルソー＝ジャコバン・モデルは現実の世界では選択不可能なのであり、そのオルタナティヴは実は外見上のものでしかない、という趣旨のものとしてうけとめている。それに対して、同じシンポジウムの際に今井弘道教授からメモという形で寄せられたコメントは、私がルソー＝ジャコバン・モデルの意味をカール・シュミットをいわば梃子として照射したこと自体に示されるように、選択可能なモデルだとしても危険なモデルだ、ということを強調するものであり、それに対して私の回答は、日本で個人と国家の二極構造にこだわることは、たしかに、ドイツでのシュミット以上に危険であること、しかし、その危険を冒すことなしには「人権」をつかみ出すことはできないのではないか、というものであった（同書二二六―二二七頁）。

(3) 長谷川正安「『人権宣言と日本』によせて」（『法律時報』六三巻四号）、和田進「選挙・政党と自由」（『ジュリスト』九七八号）。

(4) 遅塚忠躬「ジャコバン主義」（『シリーズ・世界史への問い』第一〇巻、岩波書店、一九九一年）。

(5) 私の議論に対する Michel Troper 教授のコメント。

(6) 日本の憲法学でいちばん精力的に主権論研究にとりくみ、解釈論の場面でも「プープル主権」を鍵概念として駆使する杉原泰雄教授の場合も、そうである。同教授は「社会的多数者の人権保障」という観点を基底におく（同『憲法Ⅰ』〔有斐閣、一九八七年〕ⅳ頁）が、主権の成立による個人の解放という論点を重視する見地からすれば、「人権」は、多数者ゆえでも、少数者集団に帰属するゆえですらなく、人一般としての個人を主体とする点が、何より重視されることになるはずである。

（7）例えば、フランス革命期の反団体主義の諸思想の「大きな功績」を承認しながらも、「人類の社会生活を、個人と国家の二要素だけから成立するものとして規律しようとするのは、事実を無視した態度であって、一箇の反動的思想に過ぎない」（傍点引用者）とする、我妻栄『民法総則』一〇三頁（岩波書店、一九五一年）から、後述のように、私の議論を「アナクロニズム」とする長谷川正安論文（後出八〇頁）まで。

（8）その半面として、近代国民国家の自明性が動揺している今日、近代国民国家によってはじめて成立していたはずの人権主体としての個人を支える論理はどうなるのか、という疑問に当面することとなる。私の『自由と国家』に寄せられた書評（石井三記『比較法史研究』第一号）は、「西欧立憲主義の普遍性を……『個人主義』であるとした場合、その裏がわにくっついているはずの近代国民国家についても普遍性が述べたてられることになるのだろうか」（三四七―三四八頁）という問いかけのかたちで、その問題を提出する。

一八　「型」の選択をめぐって

——選択をしない立場からの批判

さて、私の選択に対するもうひとつの型の批判は、いわば、選択をしないという立場からのものである。「私は樋口と同様、日本の人権問題における個人の自由の強調が必要だと考えている」としたうえで、「私なら、中間団体そのものを正面から取上げ、個人を埋没させない団体のあり方を探究したいと思う」とする、長谷川正安教授の立場[1]がそうであり、それに同意を表明する和田進教授の立場[2]も同様である。

「個人を埋没させない団体のあり方を探究」することには、私も賛成する。問題はしかし、日本の現状にてらして、今のままでそのようなことが「かなり現実離れをした主張」（長谷川教授の私への評言である）ではないか、ということである。「敗戦直後の、革新政党・労働組合・民主団体の集団行動を批判する主体性論には一定の意味があったが、樋口のルソー＝ジャコバン型の選択はその系譜を引くが時代錯誤の感が深い」と長谷川教授はいうが、日本の「革新政党・労働組合・民主団体」の現状が、〈まず個人を〉という私の選択を「時代錯誤」のものにするほどに個人主義化しているとは、私は考えない。そういった現状に、かねがね長谷川教授が痛烈な批判的観点をもって対応していることを知っている私としては、同教授のいおうとするところは、私の選択のように「危険をおかしながら個人の人権を強調するというのは」極端すぎる、何とかどぎつい選択をしないで「個人を埋没させない団体のあり方」をつくり出せないか、ということであろうとうけとめる。

具体的な法解釈論の場面で、二つの型の選択をすみずみまでつらぬくことが可能でも適当でもない、ということは私も承認する。法解釈の具体的ありようは、*juris-prudentia* の名にふさわしいものであるべきだろう。だが、その際に、基本的な選択の意味を問う一歩手前で立ちどまったかたちで、〈個人もいいが団体も〉〈団体のなかでもよいものと悪いものがある〉という、いってみればやわな対応で終ることに、私としては異議を申し立てているのである。(3)「なんらかの危険をおかすことなしには前進はありえない」(4)と書いた一八年まえの長谷川教授と、論理構造のうえでは同じ見地に、今の私は立っているようである。それに、団体の性格、構造、機能などに即した類型化のふり分けをしながら、法解釈論として妥当な結論を導き出すための議論を説得的に構成するためにも、(5)アドホックでない、基本的な型の選択にかかわる見地を明示しておくことが望ましいはずである。

西欧文化圏の内部で、たしかに、「個人を埋没させない」新しい〝公共〟をさぐり出す知的営為が、いまさかんである。ポリス＝キヴィタス＝コモンウエルス（国家）を構成する〈citoyen〉が、〈citoyen politique〉〈citoyen civil〉に分裂することによって、(6)〈citoyen〉の公的側面が私的側面をのみつくすようになる〈societas civilis〉と、〈citoyen〉の私的側面が独走する〈bürgerliche Gesellschaft〉が分岐してゆくなかで、それらに対応する国家中心型社会と経済至上型社会のどちらをも拒否して、たとえばハーバーマスは、〈Zivilgesellschaft〉という用語を提唱する。(7)彼はそのことによって、諸個人の自由な意思によってとりむすばれる結合に、ギリシャ古代からフランス革命をつなぐ〈societas civilis〉とはちがって非国家的な、しかも、

〈bürgerliche Gesellschaft〉とはちがって脱経済的な性格を、託そうとするのである。

しかし、そのような西欧文化圏での知的いとなみは、日本の現実に直ちには即応関係をもっていない。日本は、フランス革命以来の反集団型個人主義をその痛みとともに体現することをしていないだけではない。中間団体の否定を悲劇的な仕方で追体験したドイツ近代の痛みすら、共有していない。ナチズムは、あらゆる中間団体を〈gleichschalten〉し、社会構成員をアトム化することによって全体主義支配を貫徹したが、同時代の日本では、「家」を典型とする中間団体を下請けとした支配だったのであり（「忠孝一本」）、社会構成員はアトム化すらされていなかったのである。

私の選択を「アナクロニズム」とする長谷川教授の評言は、評者の意図をこえて示唆的である。私の選択が「アナクロニック」だとしたら、日本社会そのものが、それを切実なものとしているほど「アナクロニック」だからである。「日本に市民革命がなかった」という、言い古されたことの意味が、こうして、ふたたび浮かびあがってくる。

（1）　前出七六頁註(3)の長谷川論文。
（2）　前出七六頁註(3)の和田論文。
（3）　山崎正和氏の『柔らかい個人主義の誕生』（中央公論社、一九八五年）を、ここで私は連想する。それへの私のコメントは、「自由と国家」一七一―一七三頁。

（4）長谷川正安『思想の自由』（岩波書店、一九七六年）二四八頁。

（5）アメリカ合衆国の裁判例の分析を通してそのための示唆を与えるものとして、木下智史「団体の憲法上の権利享有についての一考察――アメリカ合衆国における判例の展開を素材として――」（『神戸学院法学』二二巻一号一頁以下）。

（6）本書第Ⅳ章を見よ。

（7）Jürgen Habermas, *Strukturwandel der öffentlichkeit*, Frankfurt am Main, Suhrkamp Verlag, 1990――この新版への序文は、山田正行氏によって訳出されている（『みすず』一九九一年七月号、八月号――「訳者あとがき」も参照）。

一九　「型」設定の適否をめぐって
――「ルソー」の含意

大きな第二の問題点は、「ルソー＝ジャコバン型」という類型を設定したこと自体にむけられた批判にかかわる。そのうち、ルソー対トクヴィルという対置のさせ方に関連することがらをまずとりあげ、「ジャコバン型」という類型設定に対する批判について、つぎに問題とすることにしよう。

これまで、統治構造＝国制に関する類型論としては、「ルソー対ロック」（「フランス対アングロサクソン」と等置されることもあり、その場合、トクヴィル、さかのぼってモンテスキュウは、ロック

＝アングロサクソンの側に入れられることが多い。B・コンスタンの語法でいえば、〈liberté des anciens〉対〈liberté des modernes〉ということにもなる）、「ロック対ホッブズ」という定式化が、なじみの深いものであった。

それに対し、私は、集権的国家と個人の二極構造型と多元主義型を、最も基本的な類型として立て、前者の系列に、ホッブズからロックを経てルソーまでを包括する、諸個人の意思の所産（契約）として国家を想定する思想を置き、後者の系列に、自主的集団の役割を重視するトクヴィル（そしてモンテスキュウ）を置く。イギリスの内部で、ダイシー（国会「主権」！）によってえがき出されたウエストミンスター・モデルが前者に対応し、権利章典の身分制的定式化が後者に対応する、というふうに位置づけられる。また、アメリカそのものについて、ロックの論理をそのままにうたう独立宣言は前者の系列のなかで理解され、合衆国憲法下で運用され、トクヴィル『アメリカにおけるデモクラシー』によってえがき出されたような統治形態は、いわば権利章典の共和制版として理解される。

フランスはといえば、大革命によってデザインされたのは典型的な集権国家モデルだったが、統治構造の作用の面では、ウエストミンスター集権モデルに沿う運用をおこなうことに成功せず、第五共和制に至ってようやくそれを完成し、逆説的ながらそれと同時に、多元主義モデルへの一定の接近を示すようにもなってきた、ととらえられる。ドイツから見てカール・シュミットが、あれほど「フランス革命の偉大さ」に執着したのは、そのことによって、二極構造モデルの貫徹を通して、ドイツ近代の宿題だった〈politische Einheit〉を獲得しようとしたからであった。最後につけ加えていえば、多元主義モデルは、社会の構成の異質性（宗教、人種、言語等々）を正面から積極的にみとめたうえで共存をめざす、「多極共存型デモクラシー」〈consociational democracy〉と近縁性をもつものとしてとらえられる。——

そのように類型化を提示する私も、これまでの常識的な類型論のもつ意味それ自体を否定するのではない。長谷川教授は「……（そう）いうのでは、これまでの思想史研究の成果はどうなってしまうのか不安になる[1]」と心配するが、「これまでの思想史研究の成果」にそれとして充分に敬意を払いながらも、多少「これまで」と違った切り口を見つけようというのが、私の意図である。

〈ホッブズとロックは違うではないか〉という批判に対しては、そのことをみとめたうえで、ここでの議論の文脈で、あえて前述のようなその共通点に着目しよう、というのである。『リヴァイアサン』の編成がすでに示唆するように、ホッブズは、第一部「人間について」の考察を出発点として第二部「コモンウエルス（国家）について」の思索を展開しているのであり、人間個人の意思によってとりむすばれた合理的構成物として、集権的国家＝リヴァイアサンを説明したのであった。ロックを、「旧ヨーロッパの政治社会＝国家論をホッブズの批判によって再編したもの」[2]（傍点引用者）とする村上淳一教授の定式化は、きわめて含蓄に富むが、本論の脈絡では、私は、その含蓄を、ホッブズとロックの共通性の側面で理解するのである。[3]〈ロックとルソーは対照的ではないか〉という批判に対しても、そのこと自体を私は否定しない。そのうえで、私は、「個人主義者ルソー」の側面にあえて注意をむけることを主張するのである。[4] ロック＝英米、ルソー＝フランスという対比についていえば、近年では、フランス革命の統治観に対するロックの影響を強調する研究が注目されることを、あげておきたい。[5]

（1）前出七六頁註(3)の長谷川論文。

（2）村上淳一『近代法の形成』（岩波書店、一九七九年）五〇―五一頁。

（3）ロックを多元主義の方にひきつける理解に関する批判的指摘として、福田歓一『近代政治原理成立史序説』（岩波書店、一九七一年）一二三頁注（14）を参照。――「政治的多元論が国家と社会の二元性を強調するためにロックがしばしば引照されたことから、ロックの社会と自然状態との区別は曇らされ勝ちであるけれども、ロックは政治社会以外に厳密な意味での社会を見出したわけではなく、そしてこの場合国家と個人の間に徹底的な中間団体の排除を貫いた点で大陸自然法学と決定的に異っている」。

（4）もとより、Rousseau-collectiviste 像と Rousseau-individualiste 像という対極的とらえ方は、思想史理解の二つの立場であって簡単に解決されるべくもない争点であるが、それにしても、日本では、ルソー＝集団主義の像だけが強力すぎるようである。長谷川氏によって引用されているジャック・ロベール発言（『人権宣言と日本』前出、二六六頁）や、さかのぼってタルモンの命題はひろく受容されている。それに対し、フランスでルソー＝個人主義というとらえ方を協調するものとして、一九三〇年代の公法学者の見解（ホッブズ、ルソーをロックとともに「近代個人主義の理論家」として位置づけるルネ・カピタン論文について、私の『権力・個人・憲法学』一六―一七頁を参照）から、一九八〇年代のフランス比較社会学・人類学の長老の書物（後出二一註(1)）までを見よ。

(5) Stephane Rials, *La Déclaration des droits de l'homme et du citoyen*, Paris, Hachette, 1988.

二〇 「型」設定の適否をめぐって
――「ジャコバン」の用語法

つぎに、「ジャコバン型」の類型設定をめぐる論点は、呼び名の問題と、史実理解の問題にまたがる。

まず、呼び名についていえば、「ジャコバン」は、もともと、フランス革命期のジャコバン・クラブを指し、とりわけ革命独裁＝テロルを連想させ、テルミドール反動とともに「ジャコバン狩り」の対象となるものをよぶ呼び名だったことは、いうまでもない。そのような歴史上の原義に忠実な用語法からすれば、私がフランス近代国家にとって貫通的に特徴的なありようをさす類型として「ルソー＝ジャコバン型」という名づけ方をするのは、いたずらに議論を混乱させようとするものだ、として非難されることになるだろう(1)。

辻村みよ子教授は、最近の労作『人権の普遍性と歴史性――フランス人権宣言と現代憲法』

で、「ルソー＝ジャコバン型」と「トクヴィル＝アメリカ型」のモデル対置に言及し、「そのような図式化について予想される誤解や混乱を避けるために、三つの留意点について補足的検討」をおこなっている[2]。

第一点、すなわち、フランスの憲法伝統としての議会中心主義の基礎が一七八九年宣言自体のなかに求められるべきことについては、辻村教授によって引用されている私の論述が、「人権宣言のなか自体に内在」していた「矛盾」――〝不可侵の人権〟と〝法律中心主義〟の矛盾――を指摘していることが示すように、私としては文字どおり「留意点」としてうけとることができる[3]。

第二点、すなわち、「従来の『ルソー型 v ロック型』の対抗は、ともにルソー型のフランス憲法伝統の内部に存在する内部的対抗として相対化され」「これら両者に対抗する、いわば外からの挑戦的な潮流としてトクヴィル型」がある、という論点につき、「その範疇化にともなう問題点を留保しておかなければならない」という点も、同様に、文字どおり「留意点」といってよい。この点についても、フランス革命自体のなかに「ルソー型とロック型の内部対立を認め」（一八一頁）るリアルスの見解が引用されているからである[4]。

それに対し、第三点としてあげられている事柄の中心的論点は、「ルソー＝ジャコバン型」という観念を「個人主義」と結びつける私見に対する、正面からの異論提起となっている。辻村教授は、「中間団体の排除によるジャコバン的な国家中心主義・中央集権主義のもとで『反結社的な個人主義』が成立したという点については、それが『ルソー＝ジャコバン型』と称されるフランス型憲法伝統の主要な要素であることからしても、一般に承認されよう」としながらも、「この点をこえて、人権原理の基礎としての『個人主義』……に対して、一般的に、しかも、ルソー型とも離れて独立に『ジャコバン型』という形容詞を冠するならば、……種々の誤解を誘発するのではないかという危惧の念を禁じえない」、と指摘する。

しかし、「ジャコバン」のこのような用法は、私の独創ではなく、近時のフランスでは、奇異の感なく使われているものである。ここでは、いくつかの例だけをあげよう。――さきにもふれたように、政治思想史家のフランソワ・ビュルドーは、「ジャコバン国家とフランスの政治文化」と題する論説で、「ジャコバン国家は、実際には、一七九三年春の革命政府からテルミドールまでの十四カ月ほどの一経験」だといいつつ、「政治上の言説においては、集権化された後見的な国民国家の別名」だとして、「自由主義であれ民主主義であれ、一九世紀の主要な諸思想」によって「めったに疑問視されることがなかった」「国家中心主義社会 (société stato-centrée)」が、大革命以来のフランスで近代をつらぬいていた、というのである[5]。専門研究者のあいだだけでなくそのような用語法がうけ入れられていることは、たとえば、人類学者ルイ・デュモンは、論壇誌での編集部との対談のなかで、「ジャコバン主義は、文化の多様性にどんな場所も与えてこなかったが、それこそ今必要なのだ。〔ニューカレドニアの〕カナク族をわれわれのところにひきとめるには、各人に個人として対等の権利を与えるだけでは足りない。彼らは、言語・文化の共同体として承認されることを求めているのだ」として、「われわれの社会での最高価値は、人間であり、人権である。ただ、われわれは、あざやかなジャコバン的明快さ（la belle lampidité jacobine）に馴れてきており、今はそれでは本当に十分というわけにはゆかないのだ」、とのべている。(6)

ここでのことがらは、これからのべるような意味で、実質問題に連動する。一四カ月の具体的体験をさすものとして「ジャコバン主義」の名を留保する見地は、ジャコバン主義を、フランス近代のなかでの特異な体験として位置づけ、もっといえば、フランス革命の経過のなかで、それを、一七八九―九一年の本来の路線から逸脱したものとして位置づける見地と結びつきやすいであろう。(7)私自身はといえば、「一七八九―九一年」対「一七九三年」の意義をそれ自体としては人並以上に強調し、比較憲法史の整理の枠組の基本とさえしてきた。(8)しかしそうしたうえでここで言おうとしているのは、「一七八九年」によって推進された集権的な近代国民国家（中間団体を否定することによる、個人と国家の二極構造）は、「一七九三年」によってこそ完成されたのだ、ということの重要性である。(9)

「八九年」（＝個人の自由）が「九三年」（＝「ジャコバン集団主義」）によって粉砕された、ことに、現代型独裁（ヒトラーやスターリン）の原型を見てとる、という図式化は、たしかに一般的であろう。それに対し、「八九年」から「九三年」へと反結社主義がひきつがれて貫徹され、中間団体の排除によってアトム的個人が析出されてしまったことにこそ、ナチズム型支配の源流を見出すとらえ方がある。前者は、「八九年」（＝反結社主義による個人の解放）を否定した「九三年」（＝集団主義）を、後者は、「九三年によって貫徹された八九年」の反結社主義を、それぞれ、現代型独裁の母胎だったとするのである。前者からすれば、近代個人主義は、いわば一方的に被害者であって、その価値自体は疑われない。後者にとっては、近代個人主義は、中間団体の拘束からいったん個人を解放することによって、独裁的権力からの保護の楯をもとり払ってしまった、ということが問題なのであり、そこには、最も深刻な意味での、近代批判の観点がある。私の論考を批判的文脈で引照しつつ、「全体主義は反個人主義ではなく、むしろ個人主義のメダルの裏面というべきものである」とする村上淳一教授の指摘[10]の意味を、私はそのようにうけとめる。

私自身はといえば、ナチズム自体については、有機体的存在としての《Volk》への個人の解消を意味した側面がより重大だと考え、ナチズムのイデオロギーを、西欧近代のさまざまな個人主義思想——ルネ・カピタンにならっていえば、「個人」から出発して四つの異なった思想を展開した、ホッブズ、ロック、ルソー、バブーフを含めて[11]——と基本的に区別する。しかしまた私は、個人の解放という、「近代」を特徴づける歴史的出来事が、現代型独裁の出現にとってまったく責任がない、とは考えない。その意味で私は、「ジャコバンの反個人主義＝集団主義ゆえの危険」でなくて、その「個人主義＝反中間団体ゆえの危険」というとらえ方に立つという点で、「近代」批判の見地をまず共有する。そのうえでしかし、あえてそのような危険を冒してまで個人を解放したところにこそ、「近代」の意義があったのだ、と考える。

近代立憲主義の成否は、アトム的個人を超え、諸個人の自立と自律にもとづく res publica を構築できるかどうかにかかっている。近代立憲主義とは、そのような、きわどい文明のあり方を意味するのであり、だからこそ、そのいちばん基本におかれているはずの二つの観念について、「主権無用」論や、「人権の迷妄」批判が、くりかえされるだけのことがあったのである。そうなったのは、まさに、主権＝集権的国家によって中間団体を解体し（身分的権利保障と権力分立という中世立憲主義の前提をなくし）、人権主体としての個人を創出してしまったことの危険に耐えることが、近代立憲主義成立の前提とされたからである。

「ジャコバン主義国家」を近代国家の異態でなく常態の一表現と見るこのようなとらえ方は、法律家にとっては奇異であっても、歴史家にとっては、必ずしもそうでないようである。遅塚忠躬教授はかねてからフランス史にとって貫通的な国家のあり方という側面の重要性を指摘してきており、同氏によって引用されているマティエの論説「フランス革命と独裁の理論」[12]は、いみじくも、近代憲法学の基本観念のひとつである憲法制定権力論と独裁の関連を示唆するものとなっている。

社会契約説による正統化の説明では、「個人が国民国家を創った」とされるのに対し、歴史過程に着目していえば、反対に、「国民国家が個人を創った」（前出、ミシェル・トロペールの定式化）という言いまわしこそがあてはまるはずである。ここでデュルケムの古典的な言明を想起するのは、無駄でないだろう。――「個人主義は、歴史のなかでは、国家化（étatisation）と同じあゆみで進んできた[13]」。

（1）「ジャコバン主義」を高みに置く見地からは、それを平俗化（banaliser）してしまうものとして非難され、逆の側からは、「ジャコバン主義の冷酷な怪物」を持ち出すという意味を持たされることでもあろう。

（2）辻村みよ子『人権の普遍性と歴史性――フランス人権宣言と現代憲法』（創文社、一九九二年）第三章第一節（一七一―一九一頁）。この書物については、ここでとりあげる論点を含めて、私の書評（『比較法史研究』第二号、一九九三年、三七三―三七八頁）を参照されたい。

（3）辻村・前掲一七八頁註(5)によって引用されている、私の『自由と国家――いま憲法のもつ意味――』一三三頁。

（4）辻村・前掲一八四頁註(7)。そこで引用されているリアルスの書物を私自身も引照している（前出一九註(5)）。

（5）François Burdeau, L'Etat jacobin et la culture politique française, *Projet*, avril-juin 1984, p. 633 et s.（大津浩訳『新潟大学法政論集』二二巻四号、一九九〇年）前出五三頁註(2)を見よ。

(6) Un entretien avec Louis Dumont, *Le Nouvel Observateur*, 2–8 janvier 1992, p. 68 et s. ――ほかにも、用例には事欠かない。例えば、Jean-Louis Seurin, *Le constitutionnalisme aujourd'hui*, Paris, Economica, 1984; Jacques Julliard, *La faute à Rousseau*, Paris, Seuil, 1985; Pierre Birnbaum, *Revue française de science politique*, 1985, p. 987. ほか、本書五六頁引用の Paul Thibaud も参照。

(7) もっとも、「一七九三年」を逸脱と見る史観に立つフランソワ・フュレは、この点では、「ジャコバン派の歴史が終って、ジャコバン主義の歴史がやって来た」として、広義の用法を説明する（François Furet, Jacobinisme, *Dictionnaire critique de la Révolution Française*, Paris, Flammarion, 1988, p. 757）。

(8) 私の『比較憲法・全訂第三版』（青林書院、一九九二年）。

(9) 私がカール・シュミットを引照しつつ「政治的統一体」の〈unité〉と〈indivisibilité〉という点で「一七八九年」は「一七九三年」によって完成された、ととらえるのに対し、「八九―九一年」に対する「九三年」の異質性を強調する政治思想史研究者リュシアン・ジョーム（Lucien Jaume）は、〈indivisibilité〉は絶対王制のものだったが憲法制定議会は地方分権を望んでおり、その点で、「一七八九年の精神と、本来のモンタニャル・ジャコバンの精神との間に連続性があるとは到底考えられない」と批判する（パリ第一大学の憲法研究センターでの私の報告〈La Vème République vue du Japon〉〔一九九一年一一月一八日〕にひきつづいておこなわれた討議での発言〔同センターの刊行物として近刊予定〕）。

なお、ジョームは、「個人主義」と「ジャコバン主義」のとらえ方についても、私と考え方を異にする。このことについては、辻村・前掲一八九頁註(14)で引用されている彼の見解を参照。

(10) 村上淳一「ドイツ市民社会と職業身分制」（『法学協会雑誌』九九巻一一号、一九八二年）一六六五頁註(10)。

(11) 私の『権力・個人・憲法学』一四―一七頁。

(12) Albert Mathiez, La Révolution française et la théorie de la dictature, *Revue historique*, CLXI, 1929.

（13） Emile Durkheim, *Textes*, Paris, Ed. Minuit, t III, 1975, p. 171.

二　「型」設定の適否をめぐって

——史実理解の問題

最後に、史実理解を問題にしよう。

「ジャコバン主義」を、中間団体の否定を徹底させることによって〝個人〟を力づくで創出したという意味で個人主義とよぶことに対しては、ジャコバン支配はテロルによる個人抑圧ではなかったか、ジャコバンこそ集団主義ではなかったかという反論がある。その次元でうけとめるかぎり、私はそのことを否定しない。そのうえでしかし、二つのことがらをのべておきたい。

まず、ジャコバン・クラブというその名のとおり、彼らは結社をつくっている。しかし、彼らは、さまざまな結社が網の目となって社会を多元的に編成して働くようなシステムを構想していたのではなく、その反対であった。「一般意思の優位」という、「八九年」に掲げられた観念を文字どおり貫徹しようとし、ジャコバン派が——そしてそれだけが——いわば「一般意思」の解釈権をもつことを、強力でもってつらぬこうとしたのであった。ジャコバン・クラブ、が、自分たちとならんでさまざまの社会的諸集団がならび立つことを強圧的に排除したという意味で、建前と実際のパラドックスといってもよいが、その文脈でいうなら、ジャコバン独裁は、集団の名による独裁ではなくて、集団多元主義の禁圧という建前を峻厳につらぬくことによる一般意思の名による独裁なのであった。『個人主義についてのエッセ』の著者ルイ・デュモンがホッブズ、ルソーについていうように、ジャコバン主義は、「きわめて個人主義的な前提」から出発して、「反個人主義的な結論[1]」としての独裁を生んだのであった。

もうひとつは、革命の過程のなかで、反・中間団体の法制とのジャコバン派のかかわりの問題である。

長谷川正安教授が私の議論を批判する脈絡で引用している、「全市民を規律する法律を守るという条件で、市民は、平穏に集会し、自由な結社 sociétés libres をつくる権利がある」という条文は、一七九〇年八月二一日法としては見つけ出せなかった（同教授による J. M. J. Biaugeaud, *La liberté du travail ouvrier sous l'Assemblée Constituante*, Paris, P. U. F., 1939, p. 46[2] の引用は正確であるが、そこでの挙示に対応する法令が議事録では見当らない）が、同じ条文が、たしかに、一七九〇年一一月一三日―一九日法としてつくられている。「大革命が敵視した中間団体とは、封建的・特権的な団体」であり、「個人の思想・信仰の自由、営業の自由を主張するためには、それらを排除するのは当然である。しかし、個人の自由な意思で集った団体が否定されたわけではない」、と長谷川教授はいう。しかし、市民革命にとっては、「個人の自由な意思で集った団体」としての、近代的結社の自由の法的保障が問題となるための前提として、結社の自由一般を全機構的に、「いかなる口実のもとであれ[3]」禁止することが課題となっていた（一九九一年三月二日―一七日デクレ、いわゆるル・シャプリエ法）、ということこそが肝心だったはずである。近代的意味での結社の自由を「人権宣言の自由の原理の必然的帰結」として説明するのは、一七八九年宣言を手がかりとしてそこから最大限のものを引き出そうとする法律家の立場からは、可能なことである[4]。しかし、歴史認識としては、一七八九年宣言に結社の自由が欠けていたことの意義こそが、重要だと私は考える。

マルクスは、あの『資本論』第一篇二四章で、典型的な反・結社立法であるル・シャプリエ法（全会一致で採択された一七九一年六月一四日―一七日法）を弾劾しつつ、「何を言い出すかあててみよ」という有名な間投詞をはさんで、「封建的・特権的な団体」（前出長谷川論文）を禁圧するのと同じ論理で労働者の団結を抑圧することの不当さに、抗議していた。しかし、強力による個人の創出のためには、「封建的・特権的な団体」はいけないが他のものならよい、というわけにはゆかなかったのだという歴史認識をもつことが、ほかならぬ近代批判の前提としても必要なのではないだろうか。

「八九年」自由主義は、ル・シャプリエ法（一七九一年六月）の段階を経過し、さらに、一七九二年一二月二二日法による穀物販売者の私的団結の禁止にまで徹底することによって、完成した。[5] そのような経過がとりもなおさず、全社会機構的に、「民衆の世界のいわば『革命的解体[6]』」を果たすこととなったのである。否定されるべき中間団体だけを否定し、「個人を埋没させない団体」を発展させるということを現代社会の目ざす課題として共有しながら、〝個人も団体もどちらも〟というだけではその課題にほんとうの意味で肉薄できないのではないか、という私の考えを、さきにのべた。まして、歴史認識の場自体にその願いを投影させて、市民革命によって定礎された近代個人主義の意義と危険とを見あやまることのないようにしたい、というのがここでの私の主張である。[7]

（1） Louis Dumont, *Essais sur l'individualisme*, Paris, Seuil 1988, P. 95.

（2） この本を直接に参看できたのは、長谷川教授のご厚意による。

（3） ル・シャプリエ法一条は、同業組合の廃止を「フランス憲法の本源的基礎のひとつ」とし、それらを「事実上再建」することを、「いかなる口実およびいかなる形式のもとであっても」禁止する、という定式化をしている。

（4） 結社の自由を明記しない市民革命期の憲法のうち、アメリカ合衆国憲法については、今日、修正一条の表現の自由のなかにそれが読みこまれる。それに対し、フランスでは、一七八九年宣言一一条（表現の自由条項）のなかからそれを読みとるというアプローチは採られず、一九〇一年七月一日の非営利社団結成の自由を定めた法律に、「共和国の諸法律によって確認された基本的諸原理」として憲法価値をあたえる、という手間のかかる仕方が用いられている（一七九一年七月一六日憲法院判決）。

（5）　遅塚忠躬『ロベスピエールとドリヴィエ――フランス革命の世界史的位置』（東京大学出版会、一九八六年）は、このことを指摘し、その文脈で、「九一年体制下の経済的自由主義」の「不備」を問題にし、その「不備が是正」されたものとして「九二年一二月」を位置づける（特に五二―五四頁）。この本につき、私の『何を読みとるか――憲法と歴史』一六七頁以下の、「革命史学から見た、憲法制定権力・所有権・営業の自由――遅塚忠躬『ロベスピエールとドリヴィエ――フランス革命の世界史的位置――』」を参照。

（6）　柴田三千雄『近代世界と民衆運動』（岩波書店、一九八三年）は、そのようにのべることによって、ジャコバン独裁が、「民衆の世界から噴出するエネルギーと結合し、これを嚮導することによって成立するとともに、この自律的世界を全国的・国家的統制下におくことによって、これを変容せしめた」ことを強調し、近代国民国家形成の画期としてのフランス革命の意義をうかびあがらせる（二六七―二六八頁）。

（7）　本節は、高柳信一教授の古稀記念論文集『現代憲法の諸相』（専修大学出版局、一九九二年）に寄稿したものをもとにしている。高柳信一先生から頂戴した抜刷のひとつに、「護憲論について」という標題のものがある。「駒場祭講演集抜刷」とあり、憲法調査会報告書が提出されて改憲論議がひとしきり盛んだった時期（一九六六年）のものであるが、冷静な論述とするどい問題提出のなかに、まぎれもない先生の精神的独立がつらぬかれた作品であり、そのなかで先生は、護憲論にとって、「自ら好んで戦いにくい戦場をえらぶようなものであって、大変困難なこと」であろうとも、「そうしなければ、本当に生きた自由にはならない」ことを、強調しておられる。近代立憲主義擁護の立場にアンガジェしつつ、――しかし、ではなくてだからこそ――近代個人主義の危険性を見すえることによって「近代」批判の見地を持とうとするのは、「戦いにくい戦場」ではあるが、避けてはならない戦場なのではないだろうか。

第Ⅲ章　二つの自由観の対抗

——「自由」と「国家」の順・逆接続

第一節　《Républicain》と《Démocrate》の間

二二　「自由」と「国家」の対抗関係と依存関係

「自由と国家」の対置ほど、憲法学にとって月並みに見えるものはなさそうである。ひとによっては、もっぱら「自由」対「国家」の文脈で、人権というシンボルをそこに思いうかべるだけで満足するかもしれない。だがここでは「自由」が人権＝人一般の権利として語られるためには、集権的「国家」＝主権の創出のなかから諸個人がつかみ出されてくることが必要だった、ということこそをまず問題にしたい。

そのような意味で、われわれは、「自由」と「国家」の対置のなかから、主権と人権という憲法学の二つの基本観念の間の、密接な相互連関と緊張を読みとることとなる。といってもそれは、「国民が主権者として自覚すればするほど人権保障は実質的になる」とか、その逆に、「国民意思による決定という大義名分のもとで少数者や個人の人権が危うくされる」という意味でのことではない。これらのことは、実際上の問題として重要だが、ここでの問題ではない。ここではあくまで、論理的な相互連関と緊張、すなわち、主権の担い手としての近代国民国家による身分制秩序の解体があってはじめて、人権主体としての個人が成立したという相互連関、および、身分制から解放されることによって実は保護の楯をも失った諸個人が、国家からの自由を主張することとなるという緊張関係、が問題なのである。

そのような意味での相互連関と緊張を典型的な仕方で展開してみせたのが、フランス革命であったが[(1)]、他の諸国の場合は必ずしもそうでなかった。主権と人権が憲法学の二大範疇とされてきながらも、必ずしも普遍的にうけ入れられてこなかったのには、だからそれなりの背景がある。「人権の迷妄」が語られ「主権無用論」がくりかえし登場してきていることは、知られているとおりである。

この章では、主権と人権の母国フランスでの最近の論壇上の主張（第一節）と法的実例（第二節）に即したかたちで、〝自由と国家〟の主題をめぐる二つの対照的な見地のもつ意味を検討することにしたい。それは、日本国憲法の五〇年に近い体験のなかで「国家」と「自由」の対抗関係と依存関係のもつ意味を考えるためにも、一定の素材を提供するはずである。

（1）「政治的統一」＝ポリスの一体性（politische Einheit）にあくまでこだわるカール・シュミットが、フランス革命の典型性に執着したことの意味について、本書第Ⅱ章、特に九、一〇。

一三　論争の背景

近年、フランスで、アングロサクソンとりわけアメリカ合衆国の法文化への関心が高まっていることは、これまでも数度にわたって言及した。なかでも、フランスのエリート養成校の代表＝高等師範大学出身でハーヴァード・ロー・スクールに学び、ニューヨークとパリで法実務にたずさわるロラン・コーン＝タニュジの本『国家なき法――フランスとアメリカのデモクラシーについて――』（一九八五年）[1]は、その標題の言葉「国家なき法」がいろいろな議論のなかで頻出するほどによく知られ、「国家なき法」＝アメリカと、国家主導型のフランス・デモクラシーを対置するその分析は、そのあと、言及されることが多い[2]。アメリカ合衆国憲法二〇〇年と大革命二〇〇年の対比を背景において、「憲法がアメリカを創った」（同名のシンポジウムをまとめた本の標題）[3]ことが、着目されてもいる。

総合雑誌などの論壇で「法」がとりあげられるとき、あるいは、法学専門書でない評論の類で「法」を主題にしたもののなかで、アメリカのあり方に関心がむけられることも多い。「アメリカン・ドリーム」というタイトルの論説[4]もある。「一般意思の表明としての法律」というフランス的観念からすると病理現象にほかならぬはずのコルポラティスムを、利益集団デモクラシーとして再定位する議論は、アメリカの状況に無関心ではありえない。憲法院による違憲審査が活性化し、数次の政権交代にもかかわらず法体系の連続性を保証するものとしてのその役割の重大さが意識されてくるなかで、アメリカの憲法判例[5]、さかのぼって法律家の役割論や正義論への関心が高まり、ロールズ、ドゥオーキン、ノージックらの翻訳や、雑誌特集、シンポジウム記録の出版なども目につく[6]。

こうした一連の議論のなかで、フランス近代社会＝法の構造を「国家中心的社会」(société stato-centrée) また、「一般意思の表明としての法律 loi」の至高性を強調するという意味での「法律中心主義」(légicentrisme) として確認し、それに対して、アメリカの多元主義的構造を比較対照させることが一般的な傾向となった。そのこと自体については、第II章で、「ルソー＝ジャコバン型国家像」と「トクヴィル＝アメリカ型国家像」の対比として、また、社会の同質性を前提とする集権＝多数派デモクラシー(ウエストミンスター・モデル)と社会の異質性を前提とする協調＝多元的デモクラシー(多極共存型デモクラシーと関連する)の対比として、すでにとりあげているので[7]、ここではくりかえすことをしない。

ここではただ、「共和国の一体不可分性」「一般意思の万能」「国家とその法律の優位」「主権」など前者のシンボルに対し、後者のシンボルとして、「人権」「立憲主義」「法治国家」「市民社会」などが対抗的に援用され、前者から後者へという論壇・思想界の流れが目立っていることを、確認しておくだけにする。フランス的用語でいう「左翼」に属していた論客たちのなかから、『中道の共和国』という標題の本が出され、「われわれは、そのものずばりフランスの例外性の終り(la fin de l'exception française)を経験している……。左翼の理念、社会主義の理念、共和国の理念が、同時に衰弱したのだ」、という自己認識が表明されているのは、その典型例である。[8]

こうした傾向から、われわれは、二つの含意を読みとることができる。

第一に、ひろく論壇・思想界で、これまで有力だったマルクス主義が社会主義革命を準拠基準としてきた——その具体的あらわれとしては、一九一七年ロシア革命から中国革命を経て第三世界社会主義にいたるまでさまざまだとしても——のに対し、フランス革命の理念と人権への回帰とでもいってよい変化があらわれてきた、ということの反映である。

第二に、そのような変化が同時に、フランス自身の近代憲法の伝統的あり方への点検をうながすなかで、アングロサクソン、とりわけアメリカ的法文化のあり方への関心をよびおこした、ということである。

これまで人権や法を論ずること自体に必ずしも熱心でなかった——むしろ、「ブルジョア文配の道具」としての側面のほうを強調しがちだった——論壇や思想界で、人権や法が重要なテーマとして脚光をあびるようになったという変化は、第一点に対応する。これまで自国中心主義的だった法学界で、アングロサクソン法文化への関心が高まったという変化は、第二点に対応する。(9)

　そういう文脈のなかで注目されるのが、つぎにとりあげるレジス・ドブレの論説「démocrate か、それとも républicain なのか」である。

(1) Laurent Cohen-Tanugi, *Le droit sans l'Etat: sur la démocratie en France et en Amérique*, Paris, P. U. F., 1985. 前出一三、およびその註(2)参照。

(2) コーン・タニュジの本は、「現代のトクヴィル」になぞらえられるが、トクヴィルによせて仏・米を比較するものとして、Jean-Claude Lamberti, *Tocqueville et les deux démocraties*, Paris, P. U. F., 1983 をも参照。

(3) *Et la Constitution créa l'Amérique*, Presses Universitaires de Nancy, 1988. また例えば *Revue française de science politique*, 1988, no 2. の特集「合衆国憲法についての意見」を参照。

(4) Hubert Gourdon, “An american dream”: Le Conseil constitutionnel et les libertés, in *Revue politique et parlementaire*, sep.-oct. 1986, p. 33 et s. 前出五八頁註(3)参照。

(5) Christian Lerat, *La Cour Suprême des Etats-Unis: pouvoirs et évolution historique*, Presses Universitaires de Bordeaux, 1989, Maris-France Toinet, *La Cour Suprême: les grands arrêts*, Presses Universitaires de Nancy, 1989.

(6) 訳書として、John Rawls, *Theorie de la justice*, Paris, Seuil, 1987; Robert Nozick, *Anarchie, Etat et*

Utopie, Paris, P. U. F., 1988 など。雑誌 *Droit rt Société*, no 2, janv. 1986 は、ドゥオーキン特集号であり、*Individu et justice sociale, Autour de John Rawls*, Paris, Seuil 1988 は、一九八七年パリのコロキウムの記録である。Otfried Höffe, *L'Etat et la Justice, les problèmes éthiques et politiques dans la philosophie anglo-saxonne, John Rawls et Robert Nozick*, 1988 も、パリ（Vrin）で刊行された。

（7）前出一二、一三。

（8）François Furet, Jacques Julliard, Pierre Rosanvallon, *La République du Centre*, Paris, Seuil, 1987.

（9）本書の第I章を見よ。

二四　レジス・ドブレの問題提起

ドブレの論説「démocrate か、それとも républicain なのか[1]」を掲載した『ヌーヴェル・オプセルヴァトゥール』誌の編集部は、その雑誌としては異例なほどのスペースを提供した理由を説明し、この論説が「それをひきおこすことが本誌の任務であるような論争」を提起するものだとして、こういう。——「républicain なのか démocrate なのか。いいかえれば、république を démocratie の独自の——よりすぐれた——形態だとしてきたフランスの特殊性を信ずるのか、それとも、まさしく『フランスの例外性の終り』を通して、また、アングロサクソン諸国での démocratie の進展にフランスを合わせることによって、進歩があると考えるのか。法の保障者としての国家（l'Etat garant du droit）なのか、それとも国家なき法（droit sans l'Etat）なのか。これら二つのモデルが政治生活に現に存在し、二つの態度、二つの政治文化の基礎となっている」。

まことに、ドブレの論説は、さきに見たような最近の議論の流れに対して、まきかえしの意味をもつものであった（掲載誌は、その主筆など論調の主流からすれば、ドブレと反対の démocrate に属する）。彼は、「フランス革命に由来する république の理念」と「アングロサクソンの歴史がモデルとなっている démocratie の理念」を対置し、後者にあっては「社会が国家を支配する」のに対し、前者にあっては、「国家が社会の上に張り出している」。「république は、利害の対立と条件の不均等を法律（loi）の優位によって抑制する。démocratie は、契約というプラグマティックな方法でひとつごとに当事者の考えごとに利害を調整する」。こうして、一方では官僚が、他方では法律家たちが、重要な役割をひきうけることとなる。「république では、社会が学校に似るのであって、学校の任務は、自分たち自身の理性で判断できるような市民を育てるところにある。démocratie では、学校が社会に似るのであって、その第一の任務は、労働力市場に適応する生産者を育てるところにある。この場合、『社会に開かれた』学校、さらには『アラカルトの教育』が要求される。république にあっては、学校は、それ独自の壁とルールで仕切られた閉じた場所でしかありえないのであって、そうでなければ、それぞれが勝手な方向に学校をひっぱってゆく社会的、政治的、経済的、さらには宗教的な勢力に対する独立（laïcité と同義）を失ってしまうだろう。……république は学校を愛しそれを名誉とするが、démocratie は学校を怖れそれを軽べつする」。……

二つのものを対比させながら自分は république を採るとするドブレは、つぎのような認識を強調する。――「昨日、良心の自由・表現の自由のような個人の自律を脅かすのは、国家とその検閲であった。今日、最大の危険（禁止と排除の要求）がたちあらわれているのは、『市民社会』――貪欲さと仮面をかぶった不寛容との混沌――からなのである。個人の自律の擁護は、いまや、Etat républicain とそれに対応するような社会の擁護によらなければならない」。

ここでいわれている〈démocrate〉は、言葉としてはむしろ〈libéral〉といった方が日本人の語感としてはわかりやすいかもしれない。しかし、ここでの主題としている「国家」と「自由」の対抗と依存の関係の解明という問題設定からすると、「自由」という言葉をここで使ってしまうことも混乱をまねくので、ドブレの用法にそのまま沿って議論をすすめることとし、〈républicain〉（名詞として république）および〈démocrate〉（名詞として démocratie）の略語として、それぞれRとDを使う。

（1） Regis Debray, Etes-vous démocrate ou républicain?, in *Nouvel Observateur*, 30 nov.–6 déc. 1989, p. 115 et s.

二五　Démocrate の側からの反論

この論説に対しては、Dとされた側からの反論[1]が、さっそくつぎの号にのっており、実質的に論争の継続ないし展開の意味をもつ応酬が、別の論者を含めて、この雑誌上だけでも、つづいている。両者の間での選択そのものは、論者の立場によって二様であるとして、RとDの対置は、われわれにも示唆を与える。

その際、対置のさせかた自体について、ひとつの問題がある。ドブレは、「RはDプラスなのだ」として、「まずDでないようなフランス共和国は、みとめることができない。他国同様のD以上のものでないフランス共和国なら、意味がない」という言葉で論説を結んでいる。しかし、彼のいうDもまた、Rが多かれ少なかれ先行していてはじめて成立できるものだ、という点を見すごしてはならない。

いいかえれば、アメリカのR性を見のがしてはならない、ということである。むろん、ここでいうのは、アメリカ合衆国が共和制国家だという、普通いわれている意味でのことではない。そうではなくて、ドブレのいう意味でのR性がここでの問題である。

合衆国憲法の運用について、王なきイギリス立憲政体だといわれることがある。一六八九年

＝権利章典モデルの身分制的自由を、身分なき新世界に移したものといってもよいが、そこでは、国家に吸収されない自生的秩序を基礎とする多元主義的なデモクラシー像がえがかれる。しかし、これまた周知のとおり、権利章典そのものについて、E・バーク流の読みとり方とトマス・ペイン流の読みとり方があったはずである。[2] 前者は、伝統の果実というべき身分制秩序のなかでしか自由は確保できぬ、と考え、権利章典を、その字づらどおり、「聖俗の貴族と庶民」という身分に付着する「古来の権利と自由」の確認としてうけとる。後者は、名誉革命を議会の意思による革命としてとらえ、その成果として権利章典の意義を読みとろうとする。

それゆえ、「アングロサクソンの歴史」のうけとり方それ自体が、単純な割り切りを許さないだろう。伝統的・自生的秩序の確認としての自由という側面（→D）と、主意主義的な自由の基礎づけという側面（→R）とが、「アングロサクソンの歴史」のなか自体に並存しているのである。イギリス近代憲法史をダイシーのえがき出した議会主権の図式に従って解読するかぎり、同質的な国民意思――身分でなく――の成立を前提とした多数派デモクラシー（ウエストミンスター・モデル）の歴史という側面のほうを、主側面と見ることになるだろう。

さて、アメリカであるが、合衆国憲法に先行する一七七六年独立宣言は、ロックの論理をそのままに掲げているが、そのロックは、名誉革命のアポロギアとして書いた『市民政府論』の議論を、すでに、身分的自由からでなく、諸個人の意思にもとづく契約から、説きおこしていたはずである。社会契約という発想自体に、ホッブズからロックを経てルソーまで――これら相互の間の差異については、十二分に議論がなされているから、ここではくりかえさないが――、私的暴力（「人は人にとっての狼」）への対抗としてこそ国家の存立を正統化する、という見地があったはずである。「市民社会」という言葉をその源までたずねるならば、ひとびとが契約によって〈state of nature〉を去ってつくりあげる〈civil *or* political society〉とは、まさしく〈or〉で結ばれるように、ギリシャ語（ポリス）とラテン語（キヴィタス）を語源とする同一物としての〈commonwealth〉＝国家を指していたはずであった。

このように見てくると、アメリカのDもまた、いわばその母斑としてRを知っている。だからこそ、Dの内容をなす要素――自由の主体が複数あって競いあうこと――を意識的に保持するために、必要とあらば国家干渉をすることをも回避しないのである。合衆国で発展した独占規制法制（経済的自由に関して）や、人権の私人間効力を確保するためのさまざまな工夫（特に精神的自由と平等に関して）は、まさにこの国のR性の存在を示すものではないだろうか。[3]

DとRの対比のかたちでの議論の際には、その国その国の場合につきそれぞれの割合を見るという、相対的見地が必要である。

（1） Jacques Julliard, Où est-elle, votre République?, in *Nouvel Observateur*, 7-13 déc. 1989, p. 92 et s.

（２）　本書前出五二―五三頁。

（３）　放送メディアへの法規制を合憲とした著名な合衆国最高裁判決（Red Lion Broadcasting Co. v. F. C. C., 395 U. S. 367, 1969）が、対立する諸見解の自由かつ公正な競争のための規制を、「修正一条により保護されている言論出版の自由を、縮減するよりむしろ促進する」としていたのは、自由競争確保のための国家干渉を、自由規制措置というより自由促進措置としてとらえる見地を示していた。

第二節　国家からの自由と国家干渉を通しての自由

二六　チャドル事件
——コンセイユ・デタ意見と文相通達

DとRの対置という図式からして重要な意味をもつ出来事が、フランス自体のなかでおこっている。

そのひとつが、チャドル（ヴェール）事件といわれるものである。一九八九年秋にフランス社会で大きな問題となったこの事件は、パリ郊外のある公立中学校で、イスラム教徒の三人の女生徒がチャドルをかぶったまま授業に出席したことからはじまる。校長は、女性のチャドル着用というイスラム教の戒律を教室にもちこむことは宗教が公教育に入りこむのを許すことになり、政教分離（laïcité）という共和主義理念に反する、という見地から、それをやめさせようとした。女生徒（とその親）が強く反発したところから、ことがらは、大きな論争に発展した。

前述のドブレ論説も、その始めの部分で、この事件をひき合いに出し、校長の措置は、Dからいえば「不寛容」で「わるい」ものとされるのに対し、Rの見地からすれば「政教分離」をつらぬく「よい」措置なのだ、とのべている。それでは、議論はどう分かれたか。

社会党政権のジョスパン文相は生徒のほうに理解を示し、それを支持するひとびとは、少なくとも、生徒を学校から排除すべきでない、という態度をとった。国際人権擁護運動家であるダニエル・ミッテラン（大統領夫人）は、人種差別に反対する立場から、チャドルを容認すべきだとした。それに対し、同じ与党・社会党の内部で、公教育と宗教の分離こそフランスの政教分離の中心的争点として左翼が擁護してきたものではないか、という声が強く主張されることとなる。また、国際人権擁護運動のなかからも、「SOSラシスム」（人種差別にSOS）のように、チャドル着用の戒律こそ女性差別のシンボルではないか、一夫多妻制や女性の社会進出を許さない制度のシンボルを、フランス公教育の場にもちこむことを許してはならない、という主張があがってきた。

こうしたなかで、文相はコンセイユ・デタに諮問し、つぎの点についてその意見を求めた。(1)

(1) 憲法および共和国の諸法律によって定められた諸原理を考慮し、かつ、公立学校の組織と作用に関する諸規則の総体に照らし、ある宗教共同体への帰属を示す標識の着用は、政教分離原則と両立するか否か。

(2) 肯定の場合を仮定して、文相の指示、小学校・中学校・高校の内部規則の規定、校長および施設の長の決定は、どんな条件のもとで、それを容認することができるか。

(3) 前述の標識の着用禁止に違反し、または着用のために定めた条件に違反したことによって、新しい生徒の当該施設への受入れ拒否、適式に登録した生徒の受入れ拒否、教育の施設または公役務からの最終的排除は、正当とされるか。その場合、どのような手続と保障が適用されなければならないか。

諮問に対するコンセイユ・デタ意見（一九八九年一一月二七日）の骨子は、つぎのようなものであった。

「ライシテの原則は、一九四六年の一一月二七日憲法前文……および一九五八年一〇月四日憲法二条によって確認されている。

……ライシテの原則は必然的に、一七八九年八月二六日の人および市民の諸権利の宣言一〇条によってすでに承認されていた、すべての信条の尊重を、含意する。

一九〇五年一二月九日法律は、教会と国家の分離を定めつつ、「共和国は、良心の自由を確保する」ことを確認した。

この自由は、共和国の諸法律によって承認された基本的原理のひとつと見られるべきであり、教育の領域で、公役務の任務と生徒およびその家族の権利義務を定める法律諸条項の枠内で、行使される……。

これらの憲法および法律、ならびにフランスの締結した国際条約〔ヨーロッパ人権条約そのほかが援用されている――筆者註〕からして、公教育のライシテの原則は、教育が、一方で、公役務の中立性をそのプログラムおよび教師について尊重すること、他方で、生徒の良心の自由を尊重することを、要求する……。

……かように生徒にみとめられる自由は、学校施設の内部で、多元主義と他人の自由とを尊重しつつ、教育活動・プログラムの内容・授業出席の義務を侵さないかぎりで、その宗教的信条を表明する自由を含む。

この権利の行使は、教育公役務に立法者によって委ねられた諸任務の遂行にそれが障害をなす限度において、制限されうる。その任務遂行はとりわけ、……子どもに、個人およびその出自と相違の尊重を教え、男性と女性の平等を確保し推進するものでなければならない。

上述のことから帰結するのは、つぎのことである。学校施設の内部で、ある宗教への帰属を示そうとするための標識を生徒が着用することは、宗教的信条の表明の自由の行使をなす限度、において、そのこと自体でライシテ原則と両立しないものではない。但し、この自由は、その標識の性質の点で、あるいは、個人的集団的にそれが着用されるときの状況の点で、あるいはまたそれがこれ見よがしのものだったり攻撃的だったりする点で、圧力、挑発、入信勧誘、宣伝の行為となり、生徒または教育共同体の他の構成員の尊厳と自由を侵害し、彼らの健康と安全を危うくし、教育活動と教師の教育的役割に障害を及ぼし、かくして公役務の施設とその正常な作用を乱すことになるような、宗教的帰属を示す標識を見せびらかすことを生徒に許すものではない。……」（傍点による強調は引用者）

コンセイユ・デタは、こうした実質論を一般論と示したうえで、問題の標識着用がそのような諸条件のひとつに違反するかどうかを認定することは、それぞれ裁量権をもつ当局の任務であり、場合によっては（事後に）行政裁判所のコントロールに服することになる、とのべている（関連して、コンセイユ・デタは、十六歳未満の生徒を退校させることも、義務教育の原則に反しないという判断を、のべている）。

このあと、ジョスパン文相は、一二月一二日付で、全国の学校長あての通達を出した。通達は、コンセイユ・デタ意見を援用しながら、宗教上の標識の着用に関し争いが生じたときは「子どもおよびその親との対話が直ちにおこなわれ、生徒の利益と学校の円滑な機能のために、それらの標識の着用が断念されるようにすべきであり」、「合理的な期間をすぎても争いがつづくときは、コンセイユ・デタにより確認された原則を尊重しつつ、学校のライシテのルールが法の手続に従って完全に適用されるように措置をとることが、貴職の任務である」、とのべている。

政府の諮問に対するコンセイユ・デタの意見は、公表されないのがむしろ普通である。今回の意見が公開されたのは、それだけ、事件の重みがひとびとに感じられていたからであった。

（1） 文相諮問とコンセイユ・デタ意見――および後述の文相通達――そのものは、例えば、*Revue française de droit administratif*, janv.-fév. 1990 で参照できる。

二七 事件の波紋と反響

もともと、第三共和制初期の最大の政治的争点だった政教分離（laïcité）立法は、フランスの自由主義共和制の根幹をなすものとして推進された。政教分離派のがわからすれば、それは、まさにRの意味での自由の促進立法にほかならなかった。政教分離政策は、何より、旧王党派的勢力と結びついていたカトリック勢力の影響力を駆逐して共和制の理念にもとづく公教育をおし進めようとする、学校＝教育政策のかたちをとり、反・政教分離派は、Dの意味での親の

「教育の自由」を楯にとってそれに抵抗する。この対抗図式のなかで、国家による共和制理念の貫徹という旗じるしの方が、「教育の自由」の主張よりも、より〝自由〟親和的シンボルであったことは、注意に値する。一般に、欧米文化圏では、公教育の成立そのものが、国家からの・親の（＝宗教の）教育の自由に対して、国家による・自由への強制という含意を強烈に含むものなのであった。

そのような背景があるだけに、この事件の波紋と反響は、大きかった。

一九八九年の事件のあと、「チャドルの背後――歴史」[1]を書いた歴史家のジャック・ル・ゴフは、一九八三―八五年にかけてサヴァリ、シュヴェヌマン両文相の委嘱をうけ歴史地理教育刷新委員会の座長をつとめていたときに、フランス各地のいくつかの学校で、イスラムの生徒たちがいくつかの授業をうけないでその時間に宗教の授業をうけていることを知り、しかも、それがフランス政府とアルジェリー政府の間の協定によるものであることを知って、かつてアルジェリー独立運動の側にくみした人間として、「驚くというより唖然とした」、ということを記している。

そのような広がりをもつ問題であるだけに、法的にも、また、より大きな文明史的文脈でも、チャドル事件は、さまざまな論議をうながすこととなる。

まず、法的にはどうか。

人権論の分野を代表する長老、ジャン・リヴェロが、いちはやく、「フランス行政法雑誌」一九九〇年一・二月号の巻頭に、論説[2]をよせている。彼は、コンセイユ・デタによるライシテ原則の確認について、「答はそれ以外でありようがない」とすると同時に、「自由を肯定することはとりも直さずその限界を定義すること」なのだが、限界を画定する点では原則提示と同等なほどに明確ではなかった、としている。彼によれば、禁止を正当化できる要因としては、①標識そのもの、②それが着用される状況、③着用に伴う行動、④標識がひきおこす反応、の四つの項目に分けて考えられるが、そのそれぞれについて、明確な線をひくことはむずかしいという。こうして、原則が「明快に提示され」、「学校のライシテの自由主義伝統を確認し豊かに「する」ものであると同時に、その限界については「より小さな明確性」にとどまっている、と「意見」への評価を総括している。

同誌の同じ号で、文相通達を主題にとりあげたクロード・デュラン＝プランボルニュ（パリ第一大学の公法教授で、大学区長ほか文部省行政官としての経歴もある）[3]は、コンセイユ・デタ意見（さきに傍点を打っておいた部分）について、「良心の自由をライシテより優位におくことにより、二つのものを階序づけたことはたしかだ」が、「その反対のことは、政治的にも法的にも可能だったといえるだろうか」とし、特に、ヨーロッパ人権条約が、公的にも私的にも、個人的または集団的に各人の宗教と信念を「表明」しうる保障を定めていることに言及している。たとしかに、最もフランス的に厳格にライシテを考える立場からすれば、コンセイユ・デタの意見には、リヴェロのいう「原則」の「確認」にとどまらず、それを「豊か」にすることによる重大な変化までを含意する「明快」さがある、というべきであろう[4]。

専門領域にかかわるもうひとつの代表誌『行政雑誌』も、事件のすぐあとの号の巻頭論説が、コンセイユ・デタ意見と文相通達に即して、「人権と国家の中立性[5]」を論じている。その筆者ジャック・ミノーも、「信仰を捨てることを求めるのではなく、学校にいる間はそれを心の内奥にしまっておくことを求める」のがこれまでのライシテの考え方だったとしたうえで、意見も、それをうけて出された通達も、その考え方ではない、と読んでいる。

そのような、ライシテの伝統的考え方と同じではない法的構成がとられたのだとしたら、その意味する文明史的含意はどのようなものであろうか。

これまでライシテをめぐる態度決定は、カトリック対ライシテの対立であって、プロテスタントとユダヤ教はライシテに満足していた。しかし、いま、フランスにいる七〇万人の外国人の小・中・高校生のうち四〇万人がイスラム教徒であり、そのほかに、イスラム系でフランス国籍をもつ者を加えると、事情は大きく変化している。そのうえ、近年では、キリスト教系を含めて多くの宗派が、「中立性（neutralité）の観念にかわる寛容（tolérance）の観念[6]」を求める方向にある。

しかも、そのような方向は、旧・社会主義圏諸国の破産状況とマルクス主義の危機を、「市場経済の勝利」――もうすこしまじめな観点からは「西側民主主義の勝利」ということになろうが――として見るのでなく、むしろ、「理性と科学と進歩」の三位一体を信じてきた西側社会の世界観そのものの危機をそこに見るような見地が出され[7]、『神の復讐』[8]という本がベストセラーとして言論界の評判になるような、宗教復興の気運のなかで、生じているのである。

ところで、「中立」と「寛容」が対比されるとき、国家からの自由＝「中立」なのではなく、その反対に、国家による学校からの宗教色の排除によって確保される「中立」が問題とされているのであり、それに対し、「寛容」の方が、国家からの自由を意味する。

そのような意味での「寛容」の方向に決定的にふみこむことについては、しかし、多くの論者はためらう。学校内部にまで「相違への権利」をみとめることは、「普遍的価値を教える」という学校の任務と両立しがたいからである。〈république〉というシンボルのもとで学校が「法と普遍的理性によって運用される社会」[9]への帰属を保障するものとして機能してきた、フランスについては、特にその点が問題となる。「フランスの政治モデルは諸個人間の共存であって、共同体相互間の共存ではない[10]」とすれば、なおさらのことである。「一にして不可分の共和国」という憲法自身による定義のもとで、しかし多民族・多文化を統合する働きを学校に求めつづけようとするとき、「原理主義（l'intégrisme）を統合（intégrer）することはできない」

として排除に傾かざるをえない一方で、「学校という統合的社会からの排除はかえって原理主義の勢力に論拠を与えることになる[11]」、というディレンマに直面する。

こうして、「良心の表明への寛容の点で開放性のより少ない」（強調は原文）フランスの「国民国家、ライックな国家、公立学校」という考え方を維持するのか、「宗教的多元主義の枠組での寛容という現代的な主張」により傾いてゆくのか[12]、いま分岐点にある。

この選択肢を、ミノーは、「共和国とその諸憲法（人権宣言を含めて）」を根本におく考え方と、「人権宣言それ自身が社会秩序をつくる」とする考え方の対置として説明し、前者の例としてレジス・ドブレを、後者の例としてミッテラン夫人、ロカール首相（当時）、ジョスパン文相（当時）などをあげている[13]。ここで整理図式であるRとDの対置に、相応しているとみることができる。

ところで、一九八九年の事件ではコンセイユ・デタは、文相諮問に対する「意見」というかたちでその見解をのべたのだったが、同種の出来事について、一九九二年一一月二日に、コンセイユ・デタの判決が出た。この判決は、やはりチャドルを取るべしという指示に従わなかった女生徒を退校させた公立中学校の校長の処分を取消すとともに、「……目立つしるしの着用」を禁ずる校則を無効とした。

コンセイユ・デタは、一九八九年に意見の形式で示した前述のような原則的見解を確認したうえで具体的事案の判断に進み、当該学校の校則（一九九〇年一一月制定）が、「衣服またはその他の形での、宗教的、政治的または哲学的性質をもつ目立つしるしの着用は、厳格に禁止される」と定めていることを問題とし、この校則が「その規定の一般性のゆえに、中立性と政教分離の限界内で生徒に承認される表現の自由……を侵害する一般的かつ絶対的な禁止を定めている」と判定した。そして判決は、退校処分がもっぱらこの校則違反を理由として行われたが、「チャドル着用の状況が……圧力、挑発、入信勧誘、宣伝……の行為という性格をもつものだったことを立証も、援用もしていない」として、処分を無効としたのである。

こうして、一九八九年の意見の段階ですでにDの要因の方に傾いていたといえるコンセイユ・デタの見解は、一九九二年の段階で、判決の結論を含めて、その方向性を確証したといえる。

（1）Jacques le Goff, Derrière le foulard, l'histoire, in *Le Débat*, janv.-fév. 1990, p. 21 et s.

（2）Jean Rivero, L'avis de l'Assemblée Générale du Conseil d'Etat en date du 27 novembre 1989, in *R. F. D. A.*, janv.-fév. 1990, p. 1 et s.

（3）Claude Durand-Prinborgne, La《circulaire Jospin》du 12 décembre 1989, in *R. F. D. A.*, op. cit., p. 10 et s.

（4）Jean-Claude William, Le Conseil d'Etat et la laïcité, Propos sur l'avis du 27 novembre 1989, in *Revue française de science politique*, vol. 41, no 1, fév. 1991, p. 40. も、「ライシテの伝統的な考え方からの変化

は、否定すべくもない」、と見る。*L'Actualité juridique-Droit administratif*, 1, 1990, p. 39 et s. 所収の J.-P. C. 署名の「ノート」も、同じ見方である。なお、この「ノート」は、「ヨーロッパ人権条約九条に反することなしに、国内法は、われわれに、宗教上の中立を命ずることができるはずだ」(p. 44) という。

(5) Jacques Minot, Droits de l'homme et neutralité de l'Etat, A propos de l'affaire du foulard, in *Revue Administrative*, janv.-fév. 1990, p, 32 et s.

(6) J. Minot, op. cit., p. 38 によれば、フランス司教団、フランス・プロテスタント連合、フリーメーソン・フランス支部などの発言にその傾向が見られる、という。

(7) Edgar Morin, Le trou noir de la laïcité, in *Le Débat*, janv.-fév. 1990, p. 38 et s. 前出第Ⅰ章六を参照。

(8) Gilles Kepel, *La revanche de Dieu, Chrétiens, juifs et musulmans à la reconquête du monde*, Paris, Seuil, 1991. この本については、第Ⅰ章七で言及した。

(9) J. Minot, op. cit., p. 39.

(10) C. Durand-Prinborgne, op. cit., p. 19.

(11) J. Rivero, op. cit., p. 6.

(12) C. Durand-Prinborgne, op. cit., p. 20.

(13) J. Minot, op. cit., p. 39.

二八　差別禁止立法

――チャドル事件判決との整合的理解の試み

RとDの対抗という文脈に沿う、もうひとつの法的素材をあげておこう。

「人種差別、反ユダヤ、または外国人排斥のすべての行為を禁止する法律」（一九九〇年七月一三日法律九〇—六一五号）が、それである。(1) 野党（共産党）議員による議員立法として提案され、与党（社会党）の賛成を得て、上院での反対をおしきる憲法上の議事ルール（四五条四項）にのっとって制定されたこの法律の制定過程には、いりくんだ政治的文脈があるが、ここでは、極右ル・ペンの率いる「国民戦線」の急進出、その下手人は判明しないもののユダヤ人墓地の墓あばき事件、言論界の一部での「アウシュヴィッツなるものは無かった」（！）という種類の主張の登場、という背景だけをあげておく。

この法律は、「一九四五年八月八日ロンドン取極めに付属する国際軍事裁判所規則六条によって定められた、人道に対する一または複数の罪の存在を争う者」（同九条——これは、出版の自由に関する一八八一年七月二九日法律に二四条の二という条項を追加するという形式をとる）への刑罰を含む、制裁を定めている。それに対しては、なぜニュルンベルグ裁判の対象となった人道に対する罪＝ナチスの犯罪だけが問題なのかが、かつてのトルコによる虐殺を逃れたアルメニア難民やスターリニズムの犠牲者たちから発せられた。もっと本質的な問題はいうまでもなく、ある犯罪の弁明＝正当化を罰することと、その犯罪があったか無かったかを問題にするのを罰することとは違う、という点にある。(2)

外交史家アルフレッド・グロセールが『ル・モンド』の論説(3)で主張するように、「知の権力以外の権力が真理の追求に割り込むことは危険」というほかない。それにしても、「国家からの自由」の観点からすればまさに優越的自由を制約するものとしてとうてい見すごせないような法律が、憲法院の審査に付託されることなく発効（保守野党は上下両院で反対したのだから、その気になれば違憲審査を求めるための署名数は簡単に集まったはずである）したところからは、少なくとも、Dを強調する見地を読みとることはできない。

この種の問題については、もともと、大戦中ナチスと協力したヴィシー政権に対抗したド・ゴール政権内部で、解放後のフランスの憲法のあり方を審議した委員会が、戦後西ドイツが採用することとなる「憲法忠誠」制度――自由の敵からは自由を剝奪するという制度――の是非をとりあげたうえで、「すべての市民に対し、すべての政治的ドクトリンに関し完全な思想と宣伝の自由をみとめることを、それに伴う危険にもかかわらず、むしろ好ましいと考える」としていたことが想起される。[4] 現にナチズムと戦っていた抵抗派のひとびとの、歴史に対する信頼が、かえっていま、風化しているのであろうか。前述のグロセールは、この法律の「不確かさと非論理」とが「必然的に議論」をひきおこし、「(人道に対する) 罪の記憶についての現下の多くの論議の筋道をはっきりさせること」を期待しているのであるが。

かように、チャドル事件への対応は、直接には第三世界――よりひろくは、宗教的なものの復活――に対する関係で、西欧合理主義を擁護する制度としてのライシテ＝Rの伝統を前提としたうえで、Dへの傾きを示している。一九九〇年七月一三日法律をめぐる経過は、ナチズムに対する関係で、思想の自由競争＝Dが後景にしりぞく様相を見せている。

これを、ナチズムに対する関係では国家介入をもってでも実質的自由を擁護しようとする（＝DからRへ）が、第三世界の担う価値の多様性の承認という点では、国家干渉による西欧合理主義の擁護をひかえる（＝RからDへ）、というふうに、問題となっている実質価値が異なることによる対応のちがい、として説明することもひとつの見方であろう。

しかし、法的推論の次元からいえば、多元主義（pluralisme）という観念をキイとして、一定の整理をすることが適切であるようにおもわれる。

実際、この観念[5]は、憲法院の判決を見ても、国家による放送事業独占の例外をみとめる法律に関し、「思想と意見の諸潮流の多元主義の要請は、デモクラシーの基礎をなす」とした一九八一年一〇月三〇―三一日判決がその皮切りであるが、新聞集中排除のための法律についての一九八四年一〇月一〇―一一日判決[6]から、最近では、政党・政治団体への公費援助の憲法上の根拠を示した一九九〇年一月一一日判決にいたるまで、憲法論議のなかで、枢要な役割を演ずるようになってきている[7]。しかもそのうち、最初のものにあっては、放送事業の国家独占をゆるめる方向でこの観念が援用されたのに対し、後二者では、国家干渉によってでも確保すべき価値として、それが言及されていることに注意したい。

その際、憲法院は、報道の多元性を「それ自体、憲法価値を有する目的」だとし、「一七八九年宣言一一条により保障された、思想と意見の自由な伝達」という要請を援用する（一九八四判決）のであるから、言論の自由な競争を確保するための国家介入が、自由促進的なものとしてとらえられ、のちに、議会多数派の交代のあと改正された法律の条項の一部を違憲とする際には、そうした国家介入を弱めることが、一七八九年宣言一一条にもとづく「憲法価値を有する原理」から「法律上の保障をうばうもの」だ、とされることになる（一九八六・七・二九判決）。ここでは、自由競争＝多元性確保のための国家介入が、国家からの自由としてとらえられた表現の自由条項にどこまでなら反しないかというかたちで議論されているのではない。そうではなくて、国家介入それ自体が表現の自由条項に適合する——従って、その弱化がどこまでなら違憲とならないか——、というかたちで説明されているのである。

かように、一方で国家干渉を排除することによって得られるべき多元主義＝Dがあるとすれば、他方では、国家干渉によって確保されるべき多元主義＝Rがある、ということになる。チャドル事件の経過で見られた新しい方向性は前者に対応する。後者の極限的な場面として、多元主義の社会秩序を擁護するために特定の思想・意見の表出を禁ずることまでを含むとすると、一九九〇年七月一三日法律はそれにあたることになるだろう。

近代国民国家の自明性がたしかに失われつつある今日、しかし、国家の役割を論ずることは、いぜん、憲法論の中心テーマなのである。

（1）法律の条文は、*Journal officiel de la République Française, Lois et décrets*, le 14 juillet 1990, p. 8333-8334.

（2）「差別的表現」への法的制裁をめぐる問題とフランス的対応の特質につき、参照、内野正幸『差別的表現』（有斐閣、一九九〇年）五五―六〇頁。

（3）Alfred Grosser, La mémoire des crimes, in *Le Monde*, 13 sep. 1990, p. 2.

（4）宮沢俊義「たたかう民主制」初出一九六三年、『法律学における学説』（有斐閣、一九六八年）。ごく簡単には私の『比較憲法』〈全訂第三版〉（青林書院、一九九二年）二一三―二一四頁。

（5）最近での問題の整理のひとつとして、Marie-Luce Pavia, L'existence du pluralisme, fondement de la démocratie, in *Revue Administrative*, juillet-août 1990, p. 320 et s.

（6）この判決、およびその対象となった新聞集中排除法についての私の分析として、「権力・個人・憲法学」（学陽書房、一九八九年）第Ⅳ章。

（7）一九九〇年一月一一日憲法院判決の意義を強調し、「デモクラシーと同一視」された「多元主義」をめぐって考察を展開するものとして、Jean-Pierre Bizeau, Pluralisme et démocratie, in *Revue du droit public*, 1993, no. 2, p. 512 et s.

二九　日本の状況は

こういう下敷きのうえに日本の状況を置いてみると、どういうことがいえるだろうか。

憲法擁護義務と反憲法的な言動との関係をどうとらえるか。日本国憲法の基本価値をうけ入れるための前提として問題となるはずの事実の認識にかかわる一定の言明（「ナンキン虐殺は無かった」など）を、憲法論の見地からどう位置づけるべきか。

国家による言論の自由競争の回復を標榜してつくられた立法の憲法適合性を争う、という構図での議論が正面からおこなわれたことはない。そのかわり、立法がないのに反論掲載請求権をみとめることはできない、とした判決（サンケイ新聞意見広告事件・最判一九八七・四・二四民集四一巻三号四九〇頁）がある。上告理由では、「憲法二一条の現代的理解」として、「表現の自由は、必ずしも国民主権下の国政参加と直接に関連しない他の自由権的基本権とは異なる性質をも」ち、「直接に国民相互の間にも適用がある」と主張し、同条項が「知る権利」を含むとし、「私人間にも直接に適用のある積極的自由権」、「一定の場合に司法権の発動を求めてその私人間における実現を積極的に求めることができる自由権」であることをのべていたが、この論点を含む「上告理由第一点」について、判決は、ごく簡単に、「独自の見解に基づくものであって、採用できない」としている。ここでは、「国家からの自由」としての自由権理解を崩す枠組にすこしでも言及する気配は見られない（そうかといって、最高裁は、「国家からの自由」を優越的自由として本気でつらぬこうとしているわけではない）。

政教分離についてはどうか。政教分離には「それぞれの国の社会的・文化的諸条件に照らし」て「おのずから一定の限界」があり、禁止される国の「宗教的活動」が何かについても、「社会通念に従って」判断する（津地鎮祭訴訟・最大判一九七七・七・一三民集三一巻四号五三三頁）というのであるから、「国家からの自由」と衝突してでも政教分離という国家制度をつらぬく、という観点はない。政教分離原理の根底には、宗教団体や親の信ずる宗教から個人の良心を国家干渉によってでも擁護する、という決断があるはずであるが、神社という宗教法人の「信教の自由」を優先させるために個人に「寛容」を求める判旨（自衛官合祀事件・最大判一九八八・六・一民集四二巻五号二七七頁）には、そのような見方についての検討がくわえられた跡はない。

教育の自由の問題は、日本の憲法訴訟ではそのあらわれ方自体が独特である。「国家の教育権」と「国民の教育権」論の両方を「極端かつ一方的」として斥けた最高裁判決（旭川学テ事件・最大判一九七六・五・二一刑集三〇巻五号六一五頁）は、親の自由、私学教育の自由、教師の教授の自由を「それぞれ限られた一定の範囲において」肯定するとともに、「子どもが自由かつ独立の人格として成長することを妨げるような国家的介入」を別として、「教育内容に対する国の正当な理由に基づく合理的な決定権能」がある、とした。しかし、日本の多くの教育関係訴訟では、「国民の教育権」＝親や教師の教育の自由は、国家からの自由を本気で主張するというよりは、「国家の教育権」の内実を国民によって充填しようという論理構造をもつものだった。そこでは、親が彼自身の価値に従って本当に公教育の理念から「自由」に子女に教育を施すべきかどうか、が争点となっているのではなく、戦後公教育の理念から離れてゆく国にかわって、親や教師がそれに代位しようとする構図がえがかれているのである。公教育の理念が親や教師の「自由」という定式によって主張されているために、場合によっては親の信念に反してまでも国家が「自由への強制」をつらぬく、という公教育の本質的性格が、いちじるしくあいまいになっている。

教育裁判の本流的な地位に必ずしも位置づけられていないが、日曜日の授業の憲法適合性を争う訴訟（東京地判一九八六・三・二〇行集三七巻三号三四七頁）が、むしろ、注目される。そこには、親の宗教理念に従って教育されるべきか（社会心理学の用語でいう socialise されるべきか）、それとも、親の信念から自由な、市民＝国家構成員としてのあるべき理念に従って教育されるべきか、という選択が、「国家からの自由」対「国家干渉による自由」というかたちをとって争われる潜在的構図を読みとることができるからである。同様に、信仰上の信念ゆえに、必修科目の剣道を受講せず単位不足で退学となった公立高専生徒の提起した訴訟は、信教の自由と政教分離が対抗する文脈のもつ憲法論上の重要性を意識させるものといえる（大阪高決一九九二・一〇・一五判時一四四六号四九頁）。

経済的自由の領域では、「公正かつ自由な競争を促進」することを第一条に目的として掲げている独占禁止法についての理解が対立している。私的独占からの・実質的自由を国家干渉によって確保するという見地からは、独禁法は、第一条の文言どおり、自由促進立法としてとらえられる。他方、その国家干渉は、たしかに、国家からの・形式的自由を制限する。その見地から見れば、同じ法律が、自由制約立法としてとらえられることになる。岡田与好教授によって経済史学の側から提起された「営業の自由論争」は、この二つの見地の対立の意味を法学界に意識させることになった(1)が、分野を問わず法学界では、後者の説明の仕方が一般的であるようである。

「職業の自由」をめぐる最高裁の裁判例は、この論点にセンシティヴではない。「自然人たる国民と同様」の「政治的行為をなす自由」を、憲法第三章各条項の適用として「会社」にみとめた判決（八幡製鉄政治献金事件・最大判一九七〇・六・二四民集二四巻六号六二五頁）は、「法人からの」「実質的自由」を確保する国家干渉、という観点をまったく欠いている点で、独禁法＝自由促進立法という観点に関心を示さないできた法学界の傾向を、反映している(2)。

「法人の人権」という論点について積極的判断を見せる最高裁判例としては、前述のサンケイ新聞意見広告事件判決が、一般論の説示のなかで、表現の自由を制約する対抗原理となりうる「人格権」の主体として、自然人と法人ないし権利能力なき社団、財団との間で差がないとしており、また、自衛官合祀事件判決は、宗教法人＝神社の信教の自由と個人の良心とを対等の立場においたうえで、後者のほうに「寛容」であれと求めた。「部分社会」論とよばれる法的論議（最判一九七七・三・一五民集三一巻二号二三四頁）も、部分社会とされた一定の自生的秩序への裁判による介入をひかえることを通して、社会集団に対する個人の自由を確保するための国家介入をとざすことになる。

私は、〝自由〟の体系の中核をかたちづくる精神的自由に関するかぎり、結論としては、「国家からの自由」にあくまで執着する立場をとる。そして、日本の違憲審査制の運用のなかで、優越的自由であるはずの思想と表現の自由について、まだひとつの法律違憲判決も出ていないことを、不当だと考える。しかしそれと同時に、ひとびとが「国家による自由」の問題を意識することがあまりに少ないこと、社会的権力への過度同調（「会社人間」から「自粛」まで）を抑制する論理に関心が少ないこと、を不当だと考える。

近代立憲主義の「国家からの自由」は、人民の意思による国家権力の掌握があったうえで、国家権力＝自分たちの意思をもあえて他者として見る緊張関係のうえに成立してきたはずである。「国家からの自由」への私の執着は、そのような立憲主義の王道の文脈での選択ではなく、国家権力がより単純な意味で他者でありつづけているからそう余儀なくされているのである。

（1）岡田与好『独占と営業の自由――ひとつの論争的研究――』（木鐸社、一九七五年）、同『自由経済の思想』（東京大学出版会、一九七九年）、同「経済的自由主義——資本主義と自由——』（東京大学出版会、一九八七年）。関連して、私の書評「資本主義社会と個人——岡田与好『経済的自由主義』」（一九八七年初出、『何を読みとるか——憲法と歴史』〔東京大学出版会、一九九二年〕一六〇頁以下）、および、『社会科学研究』三九巻六号一五九頁以下に掲載の合評会の記録。また、『ジュリスト』一九九一年五月一日＝一五日号所収の、岡田与好＝井上達夫＝樋口陽一による研究会「自由の問題状況」をも参照。

（2）この論点についても、「数千、数万にも及ぶ人びとの運命を直接に左右し、さらにそれに数倍する人びとの運命に重要な影響を及ぼしもする、このリヴァイアサンの政治行動の自由と、このような運命と懸命に闘う個人の政治行動の自由とを同等に取扱うことが、法の下の平等の意味するものであるか」（前出『経済的自由主義——資本主義と自由——』まえがきii頁）とする岡田与好教授のするどい「法律学批判」を聴くべきである。「法人の人権」という定式化に対する疑問を法学界のなかで早い時期から提起していた先駆的指摘として、下山瑛二『人権の歴史と展望』（法律文化社、一九七二年）に注目すべきである（とりわけ八〇—八二頁参照）。憲法教科書として「法人の人権」に否定的見解を示していたものとしては、覚道豊治『憲法・改訂版』（ミネルヴァ書房、一九七九年）二〇三頁。

なお、長谷部恭男『権力への懐疑——憲法学のメタ理論——』（日本評論社、一九九一年）一四六—一四八頁は、「営業の自由」論争での岡田与好教授の主張をうけとめ、「自由」と称されるものは、「基本的人権としての個人的自由の不可欠の一環をなす部分と、公共の福祉の観点からする政策的選択の結果として保障され、ときには社会の構成員に強制される部分とからなる」という考えを、表現の自由の領域にも適用しようとする点で注目されるが、その際、岡田理論への理解の点で私と考えを共通するにもかかわらず、「法人の人権」という定式化のうけとめ方は同じでない。長谷部教授が『法人』が『人権』を享有するという言い方は、あたかも法人が個人と同等の資格で憲法上の権利を享有するかのような響きを持つ点でミスリーディングであ」る、と言うことに、私は同意する。しかし、それならば、「政策にもとづく表現の自由を法人も享有しうると主張する限りで、筆者はいわゆる『法人の人権享有主体性』を認める立場をとる」とのべるのは、「いわゆる」とつけ加えてあるにしても、それこそ「ミスリーディング」であろう。また、「判例にならって、『憲法第三条に定める国民の権利および義務の各条項は、性質上可能なかぎり、内国の法人にも適用される』と言うにとどめるべきであろう」とするのは、「法人が個人と同等の資格で憲法上の権利を享有する」ことを否定する立場と両立しないはずである。もっともこの点は、判例がいう「性質上可能なかぎり」という限定の理解の仕方にかかわる。ある事項について法人が「憲法上の権利」の享有主体だとされたうえでなお、その内容と程度までもがあげて「性質上」の判断にゆだねられるのだとしたら、それは長谷部教授の立場と両立できるからである。もしそうだとしたならば、法人について「自然人たる国民と同様」の「政治的行為をなす自由」を語った判決の論理は、「ミスリーディング」をこえて不当というべきであろう。自然人たる国民の権利の内容と程度までもが、「性質上」の判断にゆだねられてしまうことになるからである。

第Ⅳ章　「公共」の可能性とアポリア

――主権論と人権論の結節点としての〈citoyen〉概念

第一節　〈citoyen〉の可能性

――「国家の相対化」の文脈のなかで

三〇　〈citoyen〉の公的性格と国家の相対化

一七八九年の「人および市民の諸権利の宣言」は、ふつう「人権宣言」と略称され、そのようなものとして、ひろく世に知られている。しかしその際、〈homme〉＝人の権利が問題にされるほどには、〈citoyen〉＝市民の権利が議論の対象とされることは少なかったようである。一七八九年宣言から二百年の記念すべき節目をむかえた一九八九年、「西」の世界でも「東」の世界でも「市民」の観念があらためて人びとには意識されてくるようになったいま、この観念をめぐる理論・思想状況の一局面に光をあてようと試みるのが、この節の目的である。憲法思想史に対する知的関心そのものからいって、また、流動的な東西社会の状況を念頭においた現代社会論の見地からいって、今後の開拓を待たれるこの主題は、日本国憲法の解釈運用の場面でも、「選挙権の権利性」をめぐる議論に対し、政治参加の権利が〈homme〉でなく〈citoyen〉の権利とされてきたことのさまざまの含蓄を点検することを通して、一定の貢献をすることができるのではないかと考えられる。

一七八九年宣言の憲法史上の意義は、何よりも、近代憲法の二つの基本観念である主権と人権の間の、論理的な連関と緊張の関係をみごとに提示してみせたところにある。

そこでは、先行する身分制社会編成原理を真正面から否定すると同時に、中間団体否認の法理によってその復活を周到かつ執拗に封じこめ、一方に、権力を集中するようになった国家(主権の担い手)を、他方に、身分的拘束から解放された諸個人(人一般の権利としての人権の主体)を、つくり出した。こうして、一方で、身分制社会の多元性を克服する集権的国家の主権性が完成することによってはじめて、個人が解放され、人一般の権利という意味での人権——身分的自由でなくて——が成り立つための論理的前提がもたらされた。他方でしかし、主権と人権のそうした論理的連関そのものが、これら二つのもののあいだの緊張をひきおこさざるをえないのであり、身分制の桎梏から解放された諸個人は、同時に、身分制による保護の楯をも失って、集権的国家と裸で向かいあうこととなったのである。(1)

このような、主権と人権のあいだの密接な論理的連関と緊張の結節点に位置するのが、一七八九年宣言のいう〈citoyen〉の観念であった。

この言葉について、今では「市民」という訳語がほぼ定着しており、本書でもこの訳語を使ってきた。しかし明治期に、中江兆民の訳語、ないし彼の影響下につくられた辞書の用語として、「士民」「自治ノ都府民」「士」、「国ノ人」さらには（形容詞の用語法で）「愛国の」などの訳が試みられたことがあるのに(2)、注意したい。これらの訳語は〈citoyen〉の原義が公事＝res publicaへの参加にあることを、的確に示していた。それにくらべると、日用語としての「市民」のニュアンスは、〈citoyen〉の原義を十分には反映していない。

それればかりではない。ルソーがその『社会契約論』ですでに念を押して、都市の住民とは違うのだと説明しなければならなかったように(3)、もともと、〈citoyen〉という用語自体が、説明ぬきでは誤解を生む可能性のある性質のものであった。

いうまでもなく、ルソーが社会契約というものを想定したのは、自然状態での自由（liberté naturelle）を社会での自由（liberté civile）へと転化させるために、「一般意思」〈volonté générale〉の表明としての「法律」（loi）への服従を導き出す文脈でのことであった。そういう〈loi〉をつくる主権者を全体としてとらえたものが〈peuple〉であり、主権に参加する個々人に着目していうとき、彼らは〈citoyen〉なのである（〈loi〉に服従する者という側面では〈sujet〉とされる）。「われわれは、citoyen となったのちにはじめて、まさに homme となり始める」という、『社会契約論ジュネーヴ草稿』（第一篇第二章）の有名な文章が出てくるのは、この脈絡でのことだったのである。

一七八九年宣言の用語法は、この、ルソーの〈citoyen〉論を反映している。それは、「およそ政治的結合の目的」が「人の、時効によって消滅することのない自然的諸権利の保全」にある（二条）としたうえで、「一般意思の表明」としての「法律」の「形成に参与する権利」を「すべての市民」にみとめている（六条）からである。

こうして、もともと〈citoyen〉とは、主権の行使に参加する諸個人として、国家意思の形成に関与する存在であり、その意味で、最高度に公的・政治的な性格を刻印されていたのであった。

ところが、まことに逆説的ながら、まさしく国家というものが相対化されてくる――また、相対化されるべきだという考え方がひろまってくる――ようになった昨今、もともとは国家と密接にむすびついていたはずの〈citoyen〉というシンボルが、脚光をあびて浮上してきている。

〈citoyen〉観念の母国であるフランスでは、少なくとも三つの場面が、われわれの目をひく。第一に、ヨーロッパ統合の進行を背景にして、国家を超えようとするヨーロッパという「政治的結合」での意思形成への参加資格という意味で、〈citoyen〉たること＝〈citoyenneté〉が問題とされる。第二に、地方分権の志向がひろがるなかで、国民国家の構成員でない者に、地域社会での意思形成への参加資格という意味での〈citoyenneté〉をみとめるべきかどうか、が論ぜられる。近代憲法が意識的・無意識的に前提として想定してきた近代国民国家を基準とすると、第一の場面はそれをいわば上に超えようとする国際化（international にとどまらぬ transnational な方向を含めて）、第二の場面はいわば下に多元化しようとする地域化（régionalisme）による、それぞれ国家の相対化を意味する。これら二つの場面での〈citoyen〉の問題は、〈citoyen〉＝政治的意思形成への参加者というこれまでの用語法をひきついだうえで、さしあたりは、その適用場面が拡大する、ということを意味する。最後に、第三に、多元的な社会諸単位の復権による国家の相対化という場面で〈citoyenneté〉が語られるときには、そのような諸単位の政治参加を促すという文脈と、反対に、政治によって支配されない空間の確保をめざすという文脈が交錯し、いわば、公的存在としての〈citoyen〉と私的傾斜をもった〈citoyen〉という二つの方向が混在する。

一九八九年になって劇的な変革のうねりのなかにある東欧諸国について、「市民革命」という言い方がされ、「これまで市民社会が成熟していなかった」「市民社会をつくりあげてゆくことが課題だ」といわれる場面のいいまわしにも、右の最後に指摘した二義性が含まれているようである。ほかならぬ日本でも、「市民」が論ぜられるとき、一方では、政治的意思形成にかかわろうとする文脈（たとえそれが、「党利党略の政党」でない「市民党」といったふうに、消極的規定にとどまるにしても、である）での公的「市民」像があり、他方では、政治からの距離をおくスタンスを表現しようとする私的「市民」イメージがある。この国では、前者に対応する政治的範疇としての〈citoyen〉が論ぜられることはこれまで少なく、後者に対応する経済的範疇としての〈bourgeois〉あるいは〈petit bourgeois〉という用語とのあいだで、流用ないし混用がおこなわれることが稀ではなかった。(4)(5)

こうした事態に一定の整理・検討をくわえるために、最近のフランスで「法治国家」（Etat de droit）論との脈絡でとりあげられている〈citoyenneté〉をめぐる議論を、問題としよう。

（1） このように人一般の権利としての人権というものが発見されることによって、近代立憲主義の核心にある個人がはじめて論理的に定礎されたわけであるが、同時に、憲法制度上の構造としては、諸個人の権利の確保がもっぱら国家の法律にゆだねられるという、きわどい装置（「国家中心主義」と「法律中心主義」）が導き出される。このことについては、本書前出第Ⅱ章、とりわけ九―一三。

（2） このことにつき、宮村治雄『理学者・兆民――ある開国経験の思想史――』（みすず書房、一九八八年）、特に二〇六頁以下を参照せよ。

（3） ルソー『社会契約論』（桑原武夫・前川貞治郎訳〔岩波文庫〕）第一篇第六章で、都会 ville と（都市）国家 cité の相違、都会住民 bourgeois と（都市）国家成員 citoyen の相違を特に力説したことは、よく知られている。

（4） そういうなかにあって、「自由かつ平等な経済主体間の交換市場」という「社会関係の上にヌーッと自生したものでなく、そのような社会関係を作り出すために、生死を賭して闘ったエリート」としての「市民」、「自然人は生まれたままの状態では単なる人間にすぎないが、彼がもし自ら望むならば『市民』となることができる」という意味での「市民」をつかみ出してみせた戒能通孝の市民論（「市民法と社会法」『法律時報』一九五八年四月号）が注目される。そのことにつきさしあたり参照、私の「『革新的法律学』と『個人主義的憲法観』――読書ノート・『法律時報六〇年と法学の課題』」（初出一九八九年、『何を読みとるか――憲法と歴史』四〇頁以下所収）。

（5）それに対し、思想史上の〈citoyen〉が、「やがて『ホモ・エコノミクス』としての性格を強めてゆくブルジョワではなく、伝統的な意味での『ホモ・ポリティクス』たる家長を指している」ことの重要性を指摘するものとして、村上淳一『「権利のための闘争」を読む』（岩波書店、一九八三年）一五一頁を参照。

三　Etat de droit 論と〈citoyen〉

さきに言及した国家の相対化という思考方向は、フランスの場合には、〈Etat de droit〉論というかたちで、ひとつの重要なあらわれ方をする。訳せば法治国家ということになるこの言葉は、法によって拘束された国家――より具体的な場面でいえば、法律による行政の原理――を指すというかぎりの一般的な意味でいえば、それが近代フランス公法の基本原理だったことは、あらためてのべるまでもない。だが、ここで問題となっている〈Etat de droit〉は、より特定的に、一七八九年宣言が含意し、一七九三年段階の革命を経過することよって定礎されたひとつの国家像――集権的国家と諸個人の二極構造を前提として成立する国家像[1]――に対抗する文脈で、想定されている。

フランソワ・ビュルドーの言い廻しを借りれば、近代フランスを一貫してきたのは「国家中心社会」(société stato-centrée) だったのであり[2]、それは、「一にして不可分の共和国」を「一般意思の表明としての法律 loi」が支配するという憲法上の定式のもとで、法律中心主義 (légicentrisme) というあらわれ方をした。

〈Etat de droit〉の名のもとでひとびとがえがく構想は、それと対照的である。そこでは、〈loi〉のほかに〈droit〉が存在することが承認される。〈droit〉としてさしあたって問題となるのは〈loi〉より上位の憲法であり、裁判的方法による違憲審査が肯定されるが、その際、規範の形式的効力の優劣という側面よりも、〈loi〉を規律する上位の価値が人権であるという実質的な意義の側面が強調される。さらにまた、〈loi〉のいわば外側に、多かれ少なかれ、社会の多元的な〈droit〉形成能力のあることが、みとめられる傾向にある。

そのような議論とかかわる脈絡のなかで、〈citoyenneté〉の問題がどう扱われているかを見ようとするときに、そのものずばり〈Etat de droit〉というタイトルのもとに編まれた、二つのコロキウムの記録集が[3]、好適な素材を提供する (そのうちの一つは、まさしく〈citoyenneté と制度への参加〉という名の研究集会である)。

フランソワ・ボレラの論説「国民であることと市民であること」[4]は、この二つの概念（以下、ことばのニュアンスを犠牲にして、簡略に「国籍」と「市民権」とよぶことにする）の混用を批判し、一七七六年アメリカ革命と一七八九年フランス革命によって、近代史では市民権が「民主主義原理のなかに位置づけられている」はずだと指摘する。まことに、古典古代からひきつがれた「市民権」の観念は、「国家への法的帰属だけでなく、とりわけ、政治社会の能動的構成員の資格をも肯定すること」にほかならなかった。「市民権は、国籍保持者のうち少数者が主権へ能動的に参加すること」なのであり、「主権が、一七九一年憲法におけるように抽象的な法人である nation に属していようと、一七九三年憲法におけるように citoyen の総体に属していようと、どちらの場合も、市民権は、二つの行為によって具体化されていた。すなわち、投票所にゆくことと武器をとることである（aller aux urnes et aller aux armes）」[5]。

そのような、「市民権」のもともとの語義を前提としたうえで、ボレラは、第二次大戦後の問題状況として、三点についてその「拡張」をとりあげる[6]。

第一は、一九四四年四月二一日付の国民解放フランス委員会首席ド・ゴール将軍のオルドナンス一七条が、解放後招集されるべき制憲国民議会選挙の選挙権を女性にみとめて以来の問題である。第二は、一九四六年憲法八一条が、フランス共和国の市民権とは別にフランス連合（Union française）の市民権という観念を設けたことによる、重複的市民権概念の問題である。

それぞれ性差別および植民地支配という、近代立憲主義の二つの影の部分にかかわるこれらのことがらは重要であるが、ここではとりあげない。ここでは、第三の、「超国家的市民権（citoyenneté supranationale）と多元的市民権（citoyenneté plurielle）」を問題とすることにしよう。

まず、ボレラは、ECが「古典的な、すなわち国家間的国際機構以上のもの」となっていることをみとめ、「経済的・社会的性格のヨーロッパ市民権の諸要素」があらわれている、という。しかし〔以下の記述は、マーストリヒト合意以前の状態についてのものであることに注意〕、「市民権とは主権への参加であり、その射程は本質的に政治的なものだ」という見地から、ECそのものが一般的な政治上の権能をもたない以上、ヨーロッパ議会の直接普通選挙がおこなわれるようになったからといって、「ヨーロッパ市民権をつくり出すところまでは行っていない」[7]、とする。彼によれば、「各構成国は、その領域でのヨーロッパ議会選挙の選挙権のルールを自由に決定することができ、自国の領域に居住する他構成国の国籍保持者に投票権をみとめている国は稀である。（アイルランドとオランダ）」[8]。

つぎに、「ある人々が多元的（plurielle）ないし拡散された（éclatée）ものとよぶ市民権」、すなわち、「政治的主権への参加ではなく、国家のなかへと社会を構造化する諸種の社会制度への参加」が問題とされる。そのうち、社会保障運営や企業での被傭者代表や居住者自治の組織化など、経済・社会領域の諸制度については「法的問題」は生じないが、地方自治体の運営についての投票権をめぐっては、彼によれば、むずかしい問題がある。「地方選挙の投票権は、一見すると、国の主権の行使にはかかわらないように見える。こうして、いくつかの国は、国籍非保持者にもそれをみとめている（一九七五年にイスラエル、スイスのヌーシャテル州、スウェーデン、一九八〇年にデンマーク、一九八三年にノルウェー、一九八四年にオランダ）」。フランスでは、一九八一年大統領選挙の際のミッテランの公約のなかに、五年以上の居住者たる外国人に市町村会選挙の投票権をみとめることが含まれていたが、まだ、措置がとられていない。このプランがひきおこしている実質的論議を別としても、「厄介な法的問題」が生じる。フランス憲法によれば、市町村会の代表が、上院（元老院）選挙の有権者団の主要部分を構成するから、地方選挙での投票は、「主権の行使への間接的参加であり、それゆえに、国籍保持者に留保される」べきものとなる。——

このような考察のすすめ方をするボレラは、投票権拡大論者が「社会のなかの民主的権利」を強調するのを批判して、「民主主義が国家の枠外で具体的に存在すると考える」のは「素朴」にすぎる、と主張する。

かように、ボレラの立場は、市民権という概念を、自覚的に、近代国民国家の存在を前提として国家の意思形成に参加する資格として限定的に位置づけたうえで、今日的な状況を整理する。そして、自覚的に限定的にとらえられた市民権概念に抵触しないものについては「法的に問題ない」とする一方、それとの抵触が問題となるものについては消極的評価を下すのである。

ボレラによって「法的に問題ない」とされた問題領域について、「企業のなかの citoyen」をとりあげたのが、クリキの論説[9]である。企業のなかでの被傭者の権利と義務を指して「企業のなかの市民権」といういいまわしが用いられるようになったのは、特に、一九八二年の一連のいわゆるオールウ法[10]をめぐる議論がきっかけであった。

この法律の推進者のオールウが一九八一年一〇月に大統領と首相にあて提出した報告書で、「国家のなかで citoyen たる労働者は、企業のなかでも citoyen とならなければならぬ」とのべられていた。クリキは、オールウ法の準備段階で経営者側が「企業のなかでの市民権を語るのは道理に反する。経済の民主主義を語るのは言葉の濫用である。それはデマゴギーでもある。……企業の目標は効率でなければならぬ」と反撥したのをコメントして、「このおそれは実際には理由がない」という。彼によれば、「被傭者とその代表は、……相談をうけ、場合によっては決定の準備にあずかるが、法律上いかなる決定権も持たず、共同決定権すら持たない」。こうして彼は、CFDT労働組織のリーダーの言を引用して、「もし市民権について語ることができるとしたら、それは、労働者が企業のなかで、個別的・集合的な自由と権利の、これまでよりもひろい範囲のものを享有するという事実のなかにあるのだ」という[11]。

ここでは〈citoyen〉が、これまた自覚的に、ゆるやかな意味で使われている。

（1）本書第II章は、そのような国家像を「ルソー＝ジャコバン型国家像」として定式化し、それを「アメリカ＝トクヴィル型国家像」との対比のなかで際立たせようとしたこころみである。

（2）前出五三頁註（2）。

（3）*L'Etat de droit*, Travaux de la Mission sur la modernisation de l'Etat publiés sous la direction de Dominique Colas, Paris, P. U. F., 1989. ミッテラン大統領の委嘱（一九八四年）をうけて、Blandine Barret-Kriegel, *L'Etat et la démocratie* と題する報告が一九八六年に Documentation française から出版され、その作成にむけて何度かのコロキウムが開かれたが、その一部の記録が本書である。一連のコロキウムのしめくくりの行事の際にはミッテラン自身がテーマについて講演をしたが、本書の巻頭にはそれが収められている。

（4）François Borella, Nationalité et citoyenneté en droit français, in *L'Etat de droit*, op. cit., p. 27–51.

（5）F. Borella, p. 40–41.

（6）F. Borella, p. 45 et s.

（7）「ヨーロッパ市民権」の概念に関していえば、その後、一九九一年一二月のＥＣ首脳会議による、いわゆるマーストリヒト合意（九二年二月署名）によって、大きな一歩がふみ出された。九二―九三年にかけてＥＣ加盟諸国によって批准されたこの「欧州連合」条約（デンマークとイギリスで難航し、特にデンマークでは国民投票でいったん否決されたが、再度の国民投票で、自国についての部分的適用除外を含めたうえで可決されたのち、批准）は、経済面でおそくとも九九年までに通貨統合をおこなうこと、政治面では共通の外交・安全保障政策を策定し共同行動をとること、軍事面での共同行動は西欧同盟（ＷＥＵ）の枠組を用いること、組織面の統合をつよめるためにＥＣ議会の権限を強化し、共同決定権・拒否権を与えること、ＥＣ共通市民権を導入すること、などを定めている。

　ヨーロッパ市民権についていえば、ＥＣ構成国の国籍保持者はすべて欧州連合の市民とされ、域内での移動の自由をもち、自国以外のＥＣ構成国に居住する欧州連合市民はすべて、その国の国民と同じ条件で、その国の地方自治体選挙、およびEC議会議員選挙の投票権、立候補権をもつことになる。マーストリヒト条約の内容を含め、EC法の最近の様相については、参照、山根裕子『EC法――政治・経済目的とその手段』(有信堂、一九九三年)。

(8) ヨーロッパ(EC)議会議員の被選挙資格に関連しては、八九年六月選挙の際、フランスの憲法学者デュヴェルジェが、イタリア共産党の名簿に登載されて当選し、話題となった。

(9) Etienne Criqui, *La citoyenneté dans l'entreprise*, in *L'Etat de droit*, op. cit., p. 71-88.

(10) 推進者たる **J. Auroux** の名にちなんでオールウ諸法と俗称されているのは、企業における労働者の諸自由に関する一九八二年八月四日法律、従業員の代表制度の発展に関する一九八二年一〇月二八日法律、交渉義務に関する一九八二年一一月一三日法律、衛生・安全および労働条件についての委員会に関する一九八二年一二月二三日法律、などである。

(11) E. Criqui, p. 75.

三 〈citoyen = politique〉と〈citoyen = civil〉

さきに簡単にふれたように、もともと、一七八九年宣言のいう〈citoyen〉は、主権の行使に参加する諸個人として公的な存在であり、(前述した意味での)ジャコバン型国家像と密接不可分にむすびついていた。

公法史・公法思想史にするどい分析の筆をふるっているステファヌ・リアルスのえがいてみ

せる定式に従えば、「憲法制定議会のひとびとの大部分は、法律（loi）が法（droit）を保障し、citoyen が homme を救う、という確信をもっていた[1]」。

そこでは〈citoyen〉の位置する政治の場面（＝politique）と区別された私的場面（＝civil）は存在しなかったはずであった。実際、ルソーの思考のモデルだった古代民主制のことを考えるならば、〈politique〉と〈civil〉に対応するギリシャ語の〈polis〉とラテン語の〈civitas〉は、まさしく同じ都市国家を指していたはずだった[2]。ホッブズからロックを経てルソーまでの社会契約論が、自然状態（state of nature）から *political* society または *civil* society への転化を語るときに、その二つの用語は、「または」で結びつけることのできる同義語としてとらえられていた。そして、それはまたとりもなおさず、「Commonwealth、ラテン語では civitas」「あの偉大なリヴァイアサン」（ホッブズ[3]）、すなわち国家にほかならなかった。

しかし、古代都市国家と近代国民国家とのあいだには、重大な相違点があった。前者ならば、文字どおり、〈citoyen〉だけをその構成員として考えることができたが、近代国民国家が国民統合を追求しようとする以上、それと同じことをするのは不可能な話であった。こうして、語源的なひとつのものを指していたはずの〈politique〉と〈civil〉が、ちがった意味を担うものとして分裂することとなる。

シィエスが〈droits naturels〉と〈droits civils〉と〈droits politiques〉の三つを区別するとき、

〈droits politiques〉をもたない者も〈citoyen〉とよばれるための論理が用意された[4]。こうして、シィエスにあっては、〈droits civils〉しかもたない〈citoyen passif〉(受動市民)と〈droits politiques〉をももつ〈citoyen actif〉(能動的市民)の両方に、〈citoyen〉という名が冠せられる。

もとより、「ルソーの用語法でいえば、……"citoyens actifs"が"citoyens"そのものであり、"citoyens passifs"はなんら"citoyens"ではなく、むしろ"sujets"[5]」というべきはずなのである[6]。

フランス革命期をとおして貫通する国民統合という課題、「均質的な国民」の創出という課題は、そのような文脈のなかで、〈droits politiques〉についての非均質性にもかかわらず、〈droits civils〉についての均質性を掲げることによって、追求されたといってよいであろう[7]。

さて、これまで見てきたところを簡略に図式化すれば、こうなるだろう。——

もともと、語源的にいえば、〈citoyen〉は徹頭徹尾、公的存在であり、いわば、〈citoyen＝politique〉だけがありえた。それに対し、近代実定公法は、〈citoyen〉を、公的存在と私的存在に分裂させ、〈citoyen＝politique〉と〈citoyen＝civil〉の二元構造をもたらした。〈citoyen＝politique〉だけが存在するという考え方は、ジャコバン型国家像(前述の意味での)の論理をおしつめればそうなる性質のものであった。〈citoyen＝politique〉のほかに〈citoyen＝civil〉を想定することは、前者の範囲をせまいままにしながら後者の資格の点での「均質な国民」をえがき出すことによって国民統合を演出するものとなる可能性と同時に、他方では、後者による前者の制約という構図をたてることを通して、〈Etat de droit〉（前述の意味での）を支えるものとなる可能性をもつ(8)。

そうしたなかでいま〈citoyenneté〉を積極的評価とともに問題にすることには、二通りの方向への展開可能性がある。

第一は、〈citoyen＝politique〉という原義にこだわりつつ、それに一定の加工をくわえてジャコバン型国家像のいわば現代的再編成へと向うことである。

もともと、一七九一年憲法下でも一七九三年憲法下でも、原義に忠実な意味での〈citoyen〉は、国籍保持者（nationaux）の一部にすぎなかった。九一年憲法がきわめて制限的な選挙権しかみとめていなかったことは、よく知られているとおりである。九三年憲法が普通選挙を掲げたといっても、女性はすべて排除したうえでの「普通」選挙であった。さかのぼって古典古代の都市国家にあっては、〈polis〉を構成していたのは、ひとことでいえば武装能力のある成年男性であり、そして彼らに限られていた。これらの場合、〈aller aux urnes, aller aux armes〉（前出）という言いまわしが雄弁にものがたるように、〈citoyen〉の観念は、多かれ少なかれ選別的であった。

そのような〈citoyen〉には、エリートとしてのエートスが期待されていた。大革命期についていえば、それは、「徳」（vertu）であったし、第三共和制期には、政教分離をめぐる闘争の文脈のなかで、〈laïque〉であるべきことが強調された。政教分離闘争のチャンピオンともいうべきガンベッタが、「すべてのcitoyenは、眼前にさし出されるどんな教義をも採るか斥けるか自由」でなければならぬとして、「普通選挙は政教分離の制度(institutions laïques)を必要とする」と強調していた(9)のは、示唆的である。そのようなエートスをひきつぎながら、多かれ少なかれ限定的だった〈citoyen〉の範囲を最大限に拡大し、かつ、〈citoyen〉の政治参加の場面を、近代国民国家の枠組内での投票権の行使という場面以外にもひろげてゆく、という方向を模索するのが、第一の選択肢となる。

さきに検討したボレラの論説が、「ヨーロッパ市民権」という観念はまだつくり出されていないとし、自国の領域に居住する他のEC構成国の国籍保持者にまでEC議会の投票権をみとめる国は例外だ、とのべているその数少ない例がそれでも現にあったということ自体、また、やはり彼が「厄介な法的問題」が生ずるとした外国人への地方選挙投票権の付与が、西欧諸国で少なからず実現され、または日程にのぼっていること、さらに、この論説が書かれたあと、一九九一年末のマーストリヒト合意以後、EC市民権の概念が実定法化の道に大きくふみ出していることは、第一の選択肢がけっして非現実的でないことを示している。

この選択肢は、想定される政治的結合体への成員統合実質化を志向するという点で、〈citoyen = politique〉の原義に忠実であろうとする。その際、近代国民国家をもって「政治的結合」

par excellence としてきた近代憲法の枠組からいえば、それを多かれ少なかれ相対化しようとするこの方向は、ジャコバン型国家の再編成というよりは否定でないか、という疑問が出てくるかもしれない。しかし、古代民主制をモデルにした〈citoyen = politique〉は、フランス革命期に近代国民国家の中にくみ入れられたときすでに、前述したような大きなくみかえをうけていたのであり、いま問題となっているくみかえも、それと本質的にちがうものではないのではなかろうか。

第二は、〈citoyen〉のもっていた歴史的原義をいわば換骨奪胎して、〈citoyen = civil〉に、〈Etat de droit〉の担い手の役を託そうとする方向である。この方向は、主権論の支配する統治機構論の土俵のなかで、「単一不可分の共和国」を統治する「一般意思の表明としての法律」という図式に換えて、多元主義的な像をえがく、というかたちでもあらわれるし、むしろ人権とその実効的保障を論ずるという土俵へと主要関心をくみかえる、というかたちでもあらわれるであろう。

一九八八年のフランス大統領選挙とそれにひきつづく下院選挙によって政権（再）交代が生じたとき、ロカール内閣が基礎とした社会党は相対第一党ではあるものの議席の過半数を得ていなかったが、その際、三人の無党派閣僚が「市民社会（société civile）の代表」とよばれていたのは、統治機構の土俵でのひとつのあらわれであった。人権論の場面でのあらわれの具体例としては、いうまでもなく、憲法院による違憲審査があげられる。

さきに見た第一の選択肢が、「政治的結合」への成員統合を実質的に追求しようとするのに対し、この、第二の選択肢の今日的意義は、多元主義の確保に適合的に仕える、というところにあるといってよいだろう。

重複をいとわずくりかえせば、もともと、「市民」(citoyen)とは、「人および市民の諸権利の宣言」(一七八九年)の構造のなかでは、キヴィタス＝ポリス＝国家を構成するひとびとなのであり、そのようなものとして、〈république〉の担い手にほかならなかった。他方で、アメリカ的文脈のなかで、「市民」は、古典古代以来のその原義(公事への参加＝「への自由」)を離れて、国家から自由な市場への参加(私益の確保＝「からの自由」)のシンボルとなる場合であっても、それは、〈state of nature〉への復帰ではないはずであった[10]。

それに対し、〈démocratie〉も〈république〉も無かったところで「市民社会」待望論が語られることが少なくないが、そこでは、「市民社会」は、〈civil or political society〉ではなくて、むしろ、〈state of nature〉に当たる状態を意味することになろう。旧・東側諸国での「市民社会」と「市場経済」のかけ声が、〈capitalisme sauvage〉とよばれるような実態をおしすすめるのに役立っているのは、そのことの端的なあらわれである。

それでは、戦後日本の「市民社会」の解放は、何を意味したであろうか。日本国憲法の国民主権は、主権者として公事に参加する「市民」を創出したはずであった。その前提のもとではじめて、「国家からの自由」は、談合取引の自由、土地ころがしと地揚げの自由、独占形成の自由、私事暴露の商品化としての言論の自由、そういった「自由」を超えたものを意味することができるはずであった。総じて、「人欲の解放としての自由」から「規範創造的な自由」への転換[11]が可能となるはずであった。そして、それは今日なお、課題でありつづけている。

（1） Stephane Rials, *La Déclaration des droits de l'homme et du citoyen*, Hachette, 1988, p. 398.
大革命期に定礎されたフランス流の法律中心主義（légicentrisme）について、リアルスの指摘は興味深い。彼は、「人々が急にも、〝ルソー主義〟左翼やそう自称するもののせいにしようとする法律中心主義の観点に、穏健派が同調した決定的なモチーフ」を問題にして、「人権宣言第四条が危惧していた、各人が〝他人を害する〟――すなわち、貧者が富者をおびやかす――ことを可能にしかねない自然権の暴走を封ずる」という関心をあげて、つぎのようにいう。――「人権宣言の法律中心主義は、保守派の抑止的ペシミズムと左翼の合理主義的オプティミズムとの、注意ぶかく偽装されたおそらくは無意識のうちの結婚の不義の子なのである」(p. 368-369)。

（2） この点に関連して、福田歓一『近代政治原理成立史序説』（岩波書店、一九七一年）四三八頁以下に収められた「『市民』について」の的確な問題指摘を参照せよ。

（3） 『リヴァイアサン』水田洋訳（岩波文庫）㈡三四頁。

（4） シィエスの権利三分法は、彼の人権宣言案説明書（一七八九年七月二〇―二一日に、憲法委員会に提出）で示されている。彼は、driots naturels および droits civils と droits politiques との相違を説明して、こういう。――「これら二種の権利の違いは、droits naturels et civils は、その維持と発展のために社会が形成されるところのものであり、droits politiques は、それによって社会が形成されるところのものだ、という点にある。用語の明確さのためには、前者を受動的権利（droits *passifs*）、後者を能動的権利（droits *actifs*）と呼ぶのがよいだろう」（*Archives Parlementaires*, 1. série, tome 8, p. 259）。

なお、革命期に、〈droits naturels, civils et politiques〉という言いまわしがなされるときに、権利の三分類として読まず、droits naturels に civils と politiques の二種があるとして読む二分類説がある。「なお検討を要することを留保」しながら二分説を批判するものとして、辻村みよ子『フランス革命の憲法原理――近代憲法とジャコバン主義――』（日本評論社、一九八九年）一六五―一六六頁。

（5）William H. Sewell, Le citoyen / la citoyenne: Activity, Passivity, and the Revolutionary Concept of Citizenship, in *The Political Culture of the French Revolution*, Edited by Colin Lukas, Oxford, Pergamon Perss, 1988, p. 110.

（6）ランジュイネのいい方に即するならば、「厳格な意味での citoyen」は「主権者の構成員」なのだが、「広い意味」では、「社会体（corps social）を構成するすべての者」が、「外国人でなく、また civilement に死んでいなければ〔民事死の問題―筆者註〕」、〈droits politiques〉の有無にかかわらず〈citoyen〉なのである。ここはすでに〈politique〉と〈civil〉の分化が見てとられるのであって、〈civil〉とは、「その身体と財産が国の一般法律によって規律されているところの人」を指すのであった（*Archives Parlementaires*, 1. série, tome 63, p. 562）。

（7）遅塚忠躬『ロベスピエールとドリヴィエ――フランス革命の世界史的位置――』（東京大学出版会、一九八六年）を素材にしておこなわれた西洋史研究会の一九八七年度大会シンポジウム（『西洋史研究』新輯一七号〔一九八八年〕一五七―二一一頁）で、「フランス革命の二つの独自性のうちのひとつの、国家権力の一元的強化と均質的な国民の統合という論点に関して」、毛利健三教授と遅塚教授との間でおこなわれた議論（前出一九六―一九八頁）を、参照されたい。

（8）　このことの意味は、逆の状況と比較するとはっきりするであろう。明治の民権運動の担い手たちは「よしやシビルは不自由にても、ポリチカルさえ自由なら……」とうたったが、それは、福沢諭吉によって、「政権偏重」と「人権」「私権」の軽視として批判されなければならなかったからである。この点に関し、石田雄『日本の政治と言葉――上』（東京大学出版会、一九八九年）前篇第一章、特に四四頁の指摘を参照。

（9）　前出三―註（3）の *Etat de droit* に収録されている Pierre Barral, La vision de la citoyenneté chez les fondateurs de la Troisième République, p. 16 による。

（10）　アメリカ憲法思想上の「市民」概念との対比は、のこされた課題である。さしあたり、公事への積極参加＝共和主義的伝統と、市場への参加と私益確保のための投票＝自由主義的思考とを対照させながら論ずる Morton J. Horwitz, L'idée de citoyenneté dans la pensée constitutionnelle américaine, in *Et la Constitution créa l'Amérique* (M. F. Toinet et autres), Presses Universitaires de Nancy, 1988, p. 207 et s. を参照。

（11）　丸山真男「日本における自由意識の形成と特質」（一九四七年〔『戦中と戦後の間』みすず書房、一九七六年所収〕）。

第二節　日本国憲法下の〈公〉と〈私〉

——〈公共〉の過剰と不在

三三　「公共性」の主題についての学界状況

かねて宮沢俊義先生は、「自分が書いたものを人が読んでくれていると思うな」、というお考えから、先生がとっくに書いておられることについての若い人からの質問にもていねいにお答えになっていた、という話を聞いたことがあります。宮沢先生にしてそうでありましたから、私ごときはいわずもがなでありまして、何回でもくどいほど同じことをくりかえし、聞いて頂く必要がありましょう。ところが、最近、学友のひとりから、「わざわざ学会[1]に出ていってお前の話を聞いてやるのだから、もう書いたりしゃべったりしたのと同じようなことはいうな、la même chanson を歌うな、そのつぎのことをいえ」、という注文を受けました。こうなりますと、私としては進退谷まる、とひとまずは申し上げるほかありません。

　ところで、運営委員会から報告のご指名をうけて、私なりに理解した今回のテーマの意味は、いちばん大づかみにいって、「公法における公共性」というとき、何よりも、公法の存在理由としての公共性が日本国憲法の運用のなかでどのようなあらわれ方をしているのか、を問題とし、それに対してどのような公共性を理念として対置するのか、ということでありました。

　本学会としてこのテーマを正面から掲げて議論するのは、もとより、今回がはじめてであります。しかし、いま甚だ大づかみにフォーミュレートしたように課題をうけとめますと、これもいうまでもなく、これまで、いろいろな論者がいろいろな問題局面に即して議論をくり返してきたことがらでもあります。にもかかわらず、問題が「公共性」というテーマのもとで正面から論ぜられることが少なかったということは、それ自体、ひとつの論点を提供するのでありますが、そのことについては、以後の行論のなかでふれることにいたします。

　そうした学界状況のなかで、憲法学の領域について申しますと、小林直樹会員と森英樹会員が、かねてより、このテーマについて正面からとりくんでおられます。小林会員は、本学会創立四〇年の記念行事（一九八八年）に際し、「公共性を考える」と題する講演をされました。『公法研究』五一号所収の論稿はその記録でありますし、その後の専修大学年報の続稿（「現代公共性の諸問題——その一・土地（付、住宅問題）の公共性——」『専修大学社会科学年報』二五号、一九九一年）とあわせ、各論的な諸局面に立入った検討をすすめられており、近著『憲法政策論』（日本評論社、一九九一年）は、情報、教育、環境、原子力、住宅、土地、政党、地方自治までを包括して、事実上、「公共性」のテーマに関する総括的な現状分析と政策提唱の書物となっております。森会員は、かねてより室井力会員を中心に行政法学者を主力にすすめられてきた共同研究『現代国家の公共性分析』（日本評論社、一九九〇年）の有力メンバーでありましたが、特に、『法律時報』今月号（一九九一年一〇月号）に論説を寄せ、かつ、シンポジウムで発言されております。

小林会員のお仕事は、「公共性」の「概念規定自体の難しさ」を指摘されたうえで、現代国家のあり方を反映した「現代における問題性」を西欧立憲国家の「歴史的趨勢」に即して位置づけるとともに、それとは別に、旧憲法下以来断絶することのない独自の日本的「公共性」の優位があるために、わが学界が「公共の福祉」イデオロギーを批判することにいわば忙殺されて、「〝公共〟とは何かを突込んで分析・検討する者が殆んどいなかった」、ことを問題とされ、現代社会生活の各局面に即した各論的な検討を、みずからおこなわれつつあります。他方、森会員の二つの論説は、文字どおり今日時点での、このテーマについての議論の整理・総括をこころみたうえで、今後なすべき議論の方向の示唆へと及んでおります。

これら両会員の既発表のお仕事は、でありますから、それぞれの意味で、実は本学会での、ありうべき総論的報告の二つの型を、すでに示して下さっております。そこで、ここでは、あえて重複を避け、私自身がこれまで考え、書いてきた私なりの問題意識を、与えられた課題にあてはめるとどういうことになるか、いわば私なりの一つの観点からの切り口を開陳し、ご批判を乞いつつ問題を提出することといたします。その際、実は、法律時報の森論文が、私のこれまで書いてきたものの中から「公共性」のテーマに関連するところを、私自身がするよりも適確に、といっていいほど拾いあげ、議論のパースペクティヴの中に位置づけて下さっています。同じ歌を歌うな、と警告的助言をして下さったのは森さんとは別の方ですが、森論文がそれだけの言及をして下さったからにはますますその通りですので、さきに進退谷まると申した選択肢のうち、不遜にも、宮沢先生ののこされた教訓には必ずしも従わないような報告になろうことを、おゆるし願う次第であります。

(1) この節は、日本公法学会一九九一年研究大会での報告をそのまま文章にしたものである(大会テーマは「公法における公共性」)。

〔学会当日配布されたレジュメ〕

はじめに――テーマのなかでの本報告の位置

一　実定日本国憲法運用にかかわる素材のなかから――

1　一方で、「公共の福祉」の過剰

2 他方で、〃〈公共〉——国家干渉によってでも確保されるべき自由〃という観念の不在
A 「法人の人権」論と「部分社会」論による、私的権力の「自由」放任
B 独占禁止法制を、もっぱら経済的「自由」の制約立法としてとらえる見地
C 政教分離と信教の「自由」が緊張関係に立つ可能性が、問題とされてこなかったこと
D 教育の「自由」と〈公〉教育の対抗のあらわれ方が日本特有であること
3 つけ加えれば、〈公〉的なものの〈私〉化＝〈私〉的なものの〈公〉視——議会制の憲法論のなかで、「代表」の〈公〉的性格（＝部分代表の否定）の認識が重んぜられていないこと

二 近代憲法像のなかに原型をさぐる
1 論理—— "state of nature"＝〈私〉 vs "civil or political society"＝〈公〉
2 歴史——中間諸団体＝〈私〉vs 国家＝〈公〉

三 もういちど日本にもどって
1 批判への答え
2 課題

（以上）

三四 実定日本国憲法運用にかかわる素材のなかから

そこで、レジュメの一に入ります。最初に、三つのことを申し上げる必要があります。第一、は、「憲法運用にかかわる素材のなかから」と書いておきましたが、より正確を期すならば、

運用に対する学説のかかわり方、学説の反応を、問題にするということです。各法分野のうちで、憲法学は、法運用に対し、政治実例に対する関係ではもとより判例に対しても、影響を与えることがいちばん少ないことでぬきんでており、むしろ、学説と法運用が正反対のむきを向くことが多いのですが、しかし、にもかかわらず、判例その他の法運用が憲法学の議論の仕方をやはり反映していることから来る問題点もあることを、私自身のことを含めて自己点検することが必要だと私なりに考えておりまして、学会の議論ならば、判例批判より前に、まず学説の点検が順序として先になるだろう、と思うからであります。

第二に、そうなりますと、「公共」の「過剰」と「不在」のうち、ここでは、後者のほうに重点をおいてとりあげたい、ということです。第三に、この点は内容的にこれから問題にすることを先どりして申し上げることになりますが、「公共」の「不在」というとき、「公」に対する「私」のなかで、言葉の厳格な意味での人権、人一般の権利の主体としての個人と、そのような諸個人の自由な結合ともなりうるけれども同時にたえずそれに対する抑圧者となりうる集団、この二つをひとまず峻別する、という見地を報告者がとっている、ということであります。この点をこれ以上説明することはそれこそ même chanson を奏でることになるのでそうは致しませんが、議論の場面場面で、通奏低音として出てくることになることを、申し上げておきます。

1　一方で、「公共の福祉」の過剰

そういう前提を申し上げたうえで、小さな1です。つまり、「公共」の「過剰」のほうでありますが、それについては、憲法判例のなかでこの観念が果してきた役割に関し、多くのひとびとが指摘をくわえているとおりでありますから、時間の配分上、ここでは一切くり返しません。

ここではただ、関連してひとつのことだけにふれておきたいのですが、ご承知のように、裁判所の合憲判断の際に、「公共の福祉」はひところよりはうしろに退いて、より多く立法裁量論が正面に出てきています。これは、実体的な「公共の福祉」観念の役割を、何が「公共の福祉」かを判断する判断権というプロセデュラルな場面の問題にくみかえて、そちらに問題をいわば預けることだ、といってよろしいでしょう。

立法裁量論というかたちでの形式への問題のくみかえを、よりストレートに表出したものが、公務員の労働基本権の制約を合憲とする際の「議会制民主主義」論でありますが、実は、あとで見ますように、判例の「議会制民主主義」観は、「公共」よりも部分代表、利益代表を正面から位置づける論理になっており、そのことを通じて、もうひとつ判例によって愛用される「社会通念」という観念とあいまって、「私」的なものを「公」的なものとして読みかえる技術、volonté de tous を volonté générale として読みかえる手段になっているように思われます。

2　他方で、〃〈公共〉―国家干渉によってでも維持されるべき自由〃という観念の不在

さっそくですが、2に移ります。さしあたり日本のことだけを申しますけれども、一九八〇年代に入ってから、いわゆる民活・行革路線が展開するなかで、いってみれば「公共」の撤退とでもいうべき現象があらわれ、「公共」のフィクションをとり払った「私益」というものが、さまざまの社会的問題をひきおこしている、という大状況を念頭におきつつ、レジュメにあげましたように、四つのアイテム、すなわち、人権総論的部分、経済的自由の問題、精神的自由の問題、そして、ひとまず社会権とされている二六条にかかわる問題について、「〃公共〃――国家干渉によってでも維持されるべき自由」という観念の不在、といった観点から問題をとりあげることといたします。素材となる裁判例等は高名なものばかりですので、日付を含めて、内容についての紹介は省きます。

A　「法人の人権」論と「部分社会」論による、私的権力の「自由」放任

まず、「法人の人権」の名でいわれている論点です。ご承知の八幡製鉄政治献金事件の大法廷判決は、「憲法第三章の各条項」の適用の問題として、「政治的行為をなす自由」を、「自然人たる国民と同様」に、法人たる会社にみとめることにより、そのような自由を法律で制限することが違憲となりうる、という枠組を示したことになります。サンケイ新聞意見広告事件の小法廷判決では、一般論の説示の部分でですが、表現の自由への制約的、対抗的な要素となり

うる人格権の主体として、「被害者が自然人たると、法人ないし権利能力のない社団、財団」たるを問わぬ、としています。殉職自衛官合祀事件の大法廷判決は、入りくんだ論点を含んでいますが、ここでの話の脈絡にひきつけていいますと、宗教法人たる神社の信教の自由に対する関係で、生身の自然人たる原告のほうに「寛容」であれと求める論理構成になっております。

　これらの判決は、たしかに、多くの学説によって、批判されております。しかし、実は、法人ないし集団の憲法上の位置づけという点に限って申しますと、むしろ、学説が、概説書や判例テキストなどで、カギカッコもつけないで法人の人権というアイテムを立て——この点は私自身についてもかつてあてはまる自己批判ですが——、公権力に対抗する権利主体としては同じ「私」でありながら、個人と法人——一般化していって個人と集団——が緊張にみちた対抗関係にあるのだということに、十分にセンシティヴでなかったことが、判例にみごとに反映しているというべきでありましょう。

　こうして、憲法上の権利の主体として自然人と法人を論理上同格の位置におき、そうすることによって結果的に、法人の法的利益を優先させる、という論理構造が見られます。

その方向を補強するかたちになっているのが、「部分社会」論といわれるものです。この言葉は、富山大学での単位不認定決定を争った事件での小法廷判決で、「一般市民社会とは異なる特殊な部分社会」という言い廻しで使われ、「部分社会」とされた社会関係への裁判所の介入をひかえさせる論理となります。この観念は、戦後はやい時期（一九五三年）の、地方議会議員の除名議決をめぐる決定での田中耕太郎裁判官の少数意見にさかのぼる考え方ですが、もっとさかのぼると、私のみるところ、帝国憲法下の日本の裁判所での弁論で、かの河合栄治郎事件で、「部分社会」という観念によって国家を相対化しようとする文脈で使われております。そのとき、この観念は、政治的権力つまり国家に対して部分集団の自由を主張するという役割を託されたわけですが、今日では、裁判的コントロールを免除されたそれら諸集団の社会的権力性を強め、社会的権力からの自由を裁判によって求める道をせまくする効果を生みます。「部分社会」論がスウィーピングな特別権力関係論にかわる形で登場してきたことには、一定の積極的意味があったとしても、今、最後にのべた点については、明確な批判的観点が必要だとおもわれます。

B　独占禁止法制を、もっぱら経済的「自由」の制約立法としてとらえる見地

つぎに、独禁法の問題です。「私的独占の禁止及び公正取引の確保」をタイトルとしてうたうこの法律は、第一条で、「公正且つ自由な競争を促進」することを目的とする、と書いていますから、経済的自由の促進立法として、自己定義をしていることになります。ところが、この法律の強化が日程にのぼるたびに、政財界からは、憲法上の経済的自由の侵害になる、という形で反論がおこります。そして、ここでも、独禁法の強化という結論への賛否はかりに正反

対だとしても、今いったような論理のくみ立てという点では、実は、政財界の議論は、憲法学界の大方の議論と枠組において一致しているのであります。

というのは、大方の議論というのは、この法制を、もっぱらに自由制約立法としてとらえ、それゆえ、憲法二二条、二九条の経済的自由に対する社会国家的な、従って弱者保護的な性格をもつ規制一般のなかに解消してしまうものとなっています。しかし、独禁法の自由促進立法としての自己定義には、重要なメッセージが託されているのではないか、「私」的独占を「公共」の見地から規制することによって得られる自由こそが、市場経済という意味での自由経済のむしろ本質的内容をなしているのではないか、そう考えるならば、ことがらの実質を、自由とそれへの制限という図式でではなく、二つの「自由」の対抗——独占放任型の自由と独占禁止型の自由——として読みとることから話を出発させてみることがあってよいのではないか、という問題があるはずであります。

C　政教分離と信教の「自由」が緊張関係に立つ可能性が、問題とされてこなかったこと

つぎに、政教分離です。津地鎮祭訴訟の大法廷判決は、政教分離の見地からしてゆるされる「宗教的活動」とそうでないもの、とを分ける境界の判断にあたって、「社会通念に従って」判断する、としました。

しかし、もともと、政教分離は、公権力＝国家によって、一定の非宗教的な空間を、その社

会の多数派の宗教をも排除する形で、――ということは、まさに「社会通念」に抗してまで――強制する、という営みであり、そうすることによって、個人の良心の自律性を確保することへの公共の関心を示したものだったはずです。それは、ある場面で特定個人自身の信教の自由の主張と衝突してまでも強制されることすらありうるものですし、まして、宗教団体や親の信ずる宗教から個人の良心の自由を国家干渉によってでも擁護するという局面は、本来、政教分離の日常的なあらわれの場面だったはずであります。

それに対し、憲法学が判例の「制度的保障」論を批判するとき、その矢印の方向は、政教分離は制度的保障でなく――あるいは、少なくともそれだけでなく――それ自体が人権なのだ、という方向を向いてきたように思われます。ここでも、政教分離という国家の公序設定によって、一定空間への信教の自由の持ち込みが、とりわけ宗教団体、法人にとって抑制されることになるという緊張関係を、はっきりと自覚的に議論する必要があったのではないでしょうか。

D　教育の「自由」と〈公〉教育の対抗のあらわれ方が日本特有であること

先を急いで教育にまいります。旭川学テ事件の大法廷判決は、「国家の教育権」と「国民の教育権」論の両方を、「極端かつ一方的」として斥ける構成になっています。しかし、それなら本当に、日本で、論理的につきつめた「極端かつ一方的」な議論があったのかというと、私には、そのこと自体疑問に思われます。

もともと、近代国家における「公」教育は、啓蒙された公論の形成をその目的とし、公権力をその担い手として推進されますが、それに対して、国家＝「公」からの自由としての教育の自由が、多くの場合には親および宗教団体の信教の自由の主張と重なった形で、強く抵抗する、というラディカルな図式があらわれます。こうした状況配置を背景として、アメリカ合衆国では、公教育の存在そのものが修正一条と抵触するという議論すらあり、フランスでも、例えばデュギは、彼自身は社会連帯という見地から公教育を擁護する立場に立ってのことですけれども、義務教育は一七八九年宣言の「自由」とも、民法三七一条の親権とも両立しがたい、といっていたのであります。

日本では、親や教師の教育の自由が主張されるとき、それは、国家からの自由を本気で主張し、親が彼自身の価値に従って本当に公教育の理念から「自由」にその子女に私事としての教育を施そうというよりは、戦後公教育の理念から離れてゆく国にかわって、親や教師がそれにいわば代位しようとする構図が、えがかれているといってよいのではないでしょうか。公教育の理念がそのように親や教師の「自由」というフォーミュラで主張されているために、場合によっては国家が親の信念に反してでも「自由への強制」をつらぬく、という公教育の本質的な性格と、もっと重要なことですが、それに付随する深刻な問題点が、鮮明なかたちをとらないでいるように思われます。

ほかにも、表現の自由と表現の集中排除の緊張関係、さらには、根源的な主題として、思想の自由と憲法擁護義務の緊張関係、といった場面での問題例をあげることもできますが、時間の都合上、その中身に立ち入ることはひかえるほかありません。

人権論の各分野で、「〝公共〟——国家干渉によってでも創出・維持・回復されるべき自由」という観念の不在、というべき状況、その状況と学説のかかわりを、見てきました。それなら憲法運用上、国家からの自由のほうはきちんと保障されているのか、というとそういうわけではないのですが、それでも、こちらのほうは裁判例のうえでも、建前上は表現の自由の優越性が言及され（例えば、北方ジャーナル事件大法廷判決）、それに、学説レベルになりますとかなり広い一致が見られるといえますが、それにくらべれば、明らかに対照的であります。

このようなことを指摘したからといって、私は、国家からの・形式的自由よりも、国家干渉によってでも確保されるべき・実質的自由のほうを重視せよ、という結論を主張しようというのではありません。実は結論は多くの場合その逆なのですが、それならば、にもかかわらずさきほどのような指摘をくりかえすのはなぜか、といえば、国家干渉によってでも確保されるべき実質的自由をめぐる問題がそれなりにこなされたうえでの意識的選択、というものがなされていないのではないか、そのために、多くの大切な論点がこぼれ落ちているのではないか、ということに注意を喚起したいからであります。

3　つけ加えれば、〈公〉的なものの〈私〉化＝〈私〉的なものの〈公〉視——議会制の憲法論のなかで、「代表」の〈公〉的性格（＝部分代表の否定）の認識が重んぜられていないこと

そこで、アラビア数字の3にまいります。統治機構論の場面で、「公」的意義を第一義としてとらえるべき制度を、「私」的にとらえてしまうという意味で、「公共」の不在がここでも見てとれるのではないか、というのがここでの問題です。

公務員労働者の労働基本権の制約を憲法上合理化する文脈で、名古屋中郵事件の大法廷判決が、「財政民主主義に表れている議会制民主主義の原則」を援用していることはあまりにも有名ですが、その際、先行する全農林事件判決を引いてのべている「公務員の使用者としての国民」というキーワードと結びつけて理解すると、環裁判官の反対意見が指摘するとおり、そこでいわれている「国会」は、「公務員の労使関係の外に立つ第三者たる国会」ではなくて、端的にいえば雇主たる納税者の利益代表たる国会、ということになるでありましょう。

こういう眼であらためて見わたしますと、参議院議員の定数配分問題についての大法廷判決（一九八三・四・二七）が、旧・地方区について「事実上都道府県代表的な意義ないし機能」を

いい、あわせて、旧・全国区について「ある程度職能代表的な色彩」という言い廻しをしています。これは、上告理由が原審の類似のいい方を憲法四三条一項違反だと主張したのをうけてのべられた判断でありますが、近代憲法史・憲法思想史のうえで、全国民の「代表」という観念は部分代表を否定するという強烈な含意を持っていたはずであります。そのような見地からすれば、地域代表であれ職能代表であれ、また別の大法廷判決（一九六八・一二・四）が地方議会議員についてですが使っている利益代表であれ、本来の「代表」の「公共」的性格と抵触する観念が、そのことについての説明なしで簡単に肯定的に用いられていることについて、憲法学は、もっと鋭敏に反応すべきだったのではないでしょうか。

議会制の現実が地域代表――いわば総・新潟三区化現象とでもいいましょうか――、職能ないし業界組織代表、総じて利益代表化している実態があるだけに、そのような実態暴露の指摘を、憲法四三条の規範論にむすびつける必要がありましょう。憲法四三条のいう「代表」の観念は、部分代表性を執拗に否定する意味を担わされてきたからこそ、また、同じことを別のいい方で言えば、「私事 Privatsache であるような Repräsentation は存在せぬ」（C・シュミット）とされてきたからこそ、「公共性」（Öffentlichkeit）の解釈者としての öffentliche Meinung（「公論」）の観念とむすびついて統治の正統性を担ってきたわけであり、憲法学説は、そのような規範論を説くことに十分でなかったのではないか、これは、何よりも、一時期「代表」についていくつか書いてきた私自身に対する自己点検であります。

ここであるいは、今日いわれる「政治改革」は、「公共」性の強調ではないのか、という意見が出るかもしれません。なるほど、「行政改革」が端的に「公共」の撤退だったとすれば、「政治改革」の方は、例えば政党活動への公費支出に見られるように、「公共」の強調という外観をとります。しかし、利益配分をテコとして機能する議員の選挙マシーンの連合体というべき日本の政党構造を前提にして考えますと、実は、それは、利益の担い手であるものに正面から公的役割を托し、それに援助をすることであります。そういう意味では、これは「公」的なものの「私」化ということをこえて、「私」による「公」の代行を公然化することだといってよいかもしれません〔海部内閣によって第一二一回国会に提出されていた「政治改革」三法案は、学会報告直前の時点で、廃案とすることが決定されていた〕。

三五　近代憲法像のなかに原型をさぐる

そこで、レジュメの大きな二に入りますが、この点は、このところいろいろな機会に内外で私の考えを開陳しておりますので、思い切って簡略化いたします。

1　論理――"state of nature"＝〈私〉vs "civil or political society"＝〈公〉

1の「論理」ということですが、ひとことだけで申しますと、できあがった近代実定法秩序の土俵のうえで何より重視されるのが「国家からの自由」ですが、もともと、「公共」＝国家干渉によってでも確保されるべき自由、という考え方は、社会契約論の論理そのものだったはずだ、ということです。近代実定憲法学は、そのようないわば母斑（Muttermal）の意義を、あらためてうけとめる必要がありましょう。「人は人にとって狼」という認識を前提にして、state of nature＝「私」を civil *or* political society＝「公」に転化する論理を示したホッブズ以来、むろん、ホッブズとロックとルソーそれぞれの違いは周知のことでありますが、にもかかわらず社会契約論の発想の共通の基本にあるのは、自然状態を civil *or* political society すなわちギリシャのポリスやローマのキヴィタスを原型とする「公共」に転化させ、「公共」の存在目的と正統性根拠を示すことだったはずであります。

2　歴史――中間諸団体＝〈私〉vs 国家＝〈公〉

大いに先を急いで2にゆきます。ここでも、いいたいことをひとことだけで申しますと、人権の主体たる個人を「私」としてつかみ出すためには、国家＝「公」によって中間団体たる「私」を破壊することが必要だった、ということです。この点は、これまで、内外での発言の機会にくどすぎるぐらい書き、のべてきたことですのでもうくり返しません。私の議論へのコメントとして、法哲学者たる憲法学者のミシェル・トロペールが、ひとつのラディカルな表現を与えてくれたことだけをつけ加えておきます。いわく、「個人がEtat nation――ネーション・ステイト――をつくったのではなく、Etat nationが個人をつくったのだ」。

三六　もういちど日本にもどって

そこでレジュメの三ですが、大きく分けて二つのことを申します。第一は、主題についての私自身の日本の状況認識と提言をなるべく簡潔にリステイトしたうえで、頂いている批判に、これまたなるべく簡潔にお答えすることです。第二は、主題のもつ論理的なひろがりを私なりにとらえ、今後の課題を展望することです。

1　批判への答え

前者から入ります。今日の報告で、私は、「公共」の「不在」のうけとめ方が学説によって十分になされていないのではないか、という側面に力点をおいて、話をしてまいりました。しかし、ということになるのですが、憲法解釈論にあたっては、結論的に、国家からの自由を優位におきつつ、ということは「公共」を限定することをやはり基本としつつ、もう一度しかし、ということになりますが、集団に対して個人、法人に対して自然人の立場を擁護するための「公共」の役割を重視すること、そのことがかえって、解放された諸個人の間で自由にとりむすばれるはずの任意的・自発的結社を、「公共」の担い手としてつくり出すのに役立つことになるはずだ、という基本的見地に私は立っております。

そのような考え方に対し、本学会の会員の方々のなかから、幸い、貴重な批判を頂戴しております。それぞれニュアンスに富んだ真摯なご批判を単純化するようで申し訳ないのですが、基本的には、二つの類型に分けて検討することがゆるされると考えております。

第一のものは、私のような反集団的・反結社的個人主義の主張自体が、今日では実際には不可能な選択だ、という高見勝利会員の批判（深瀬他編『人権宣言と日本』〔勁草書房、一九九〇年〕所収）、「アナクロニズム」だとする長谷川正安会員の批判（『法律時報』一九九一年三月号）、その指摘に「共感」を示す和田進会員の批判（『ジュリスト』一九九一年五月一日＝一五日号）、であります。

それに対しては、私も、フランス革命期に典型的に見られたような仕方で「個人」を力づくで創り出すことがいまそのまま可能だとも、そのこと自体が現時点での到達すべき目標だとも考えているわけではない、とお答えしておきます。

「公共性」のテーマを語るとき誰でも思いうかべる、あの、ユルゲン・ハバーマスが、名著『公共性の構造転換』の一九九〇年度版によせた序文でも強調していますように、任意的・自発的結社の役割に「公共性」の担い手を期待する以外にないこと自体は、私も同じ考えです。そのことを前提にしたうえで、しかし——というよりはだからこそなのですが——、かつての「家」、いまの企業社会のあり方、この点は労働基本権にかかわって企業別労働組合のありようの問題性をも含みますが、そういったものが個人の解放をがんじがらめに抑止している日本の現状のもとで、その現状にどうやって法的なメスを入れるかという媒介ぬきで、結社＝中間集団を積極的な「公共」の担い手として考えることは、それこそ非現実的な選択となるのではないか、というのがわたくしの考えです。

憲法解釈論の次元でいえば、憲法二一条が保障しているのは、何よりも、結社する諸個人の自由なのであり、結社そのものが権利主体として個人と簡単に同列に並べられてはならないはずだ、ということです。個人の解放をいったんつらぬくために、諸個人の結社する自由すらもが意識的に否定された歴史的段階があったのだ、という認識の重要性にセンシティヴであるならば、簡単にそのような解釈論をうけ入れることにはならないはずであります。

蛇足ながら、「アナクロニズム」かどうかをいえば、それこそアナクロニックに見える課題を何より意識しなければならないのが、日本社会の特質なのだ、というのがわたくしの認識であります。市民革命が済んでいない、という言い古された命題の憲法学的意味がそこにある、といってもよろしいでしょう。

ご批判の第二の種類は、私の議論の内的整合性にかかわるご指摘です。森会員の法律時報論文のコメントを、そのような、いわば内在的批判としてうけとったうえで、以下のことを申し上げておきます。

森論文は、最近の私が、homme＝つまり人権主体としての「人」と、citoyen＝つまり主権主体の構成員としての「市民」とを対置し――これは、「人および市民の諸権利の宣言」に出てくる「人」と「市民」です――、後者の意義を強調しようとしていることを、的確につかみ出したうえで、かねてからのこの論者の――私の、ということですが――「主権よりも人権を」という主張との整合性を問題にして下さっています。

考えてみますと、これまでの私の議論は、三つの段階を追ってきたようであります。

第一の段階で、私は、もっぱら「主権よりも人権を」という言い方を強調しました（一九七〇年の公法学会での報告――『公法研究』三三号）。個人の自由の侵害が国民主権の名によって正当化されるという事態に対し、憲法学が明確な批判的視点を掲げることが何より重要だからと考えたからです。その基本モチーフは、いまも変えていません。しかしそこには、自由の主体として個人と集団とを意識的に区別するという見地は、表に出ていませんでした。個人と集団とを同じ「私」としてくくり、それらを人権主体として扱うことへの批判が、この段階では明確でありませんでした。そこで、第二の段階では、人権主体としての個人を中間諸集団から力づくで解放するために、集権的国家＝主権という「公共」の成立が必要不可欠だったということを示すために、人権と主権の密接な相互連関を指摘することに、力点をおきました。そして、その意味でこそフランス革命が憲法史上もつ典型性があるのだということを、強調しました。大革命に先行する絶対王制は、身分制的社会編成原理のうえに築かれていた限り、権力の集中度において実はそれほど「絶対」的なものになることはできなかったのであり、革命による身分制秩序の解体によって完成する集権的国家＝国民主権のもとでこそはじめて、人権主体としての個人が成立したのだったからです。

そのうえでまた、そのように個人を創出する点で決定的だった、そうしてそうありつづけるべきはずだった主権が、やはりその個人を集団主義的にのみこむものになるのではないか、という考えから、主権主体の構成要素としての個人――これに対応するのが、一七八九年宣言のタイトル「人および citoyen の権利の宣言」にある citoyen という言葉です――の次元で、問題をくみかえることが、必要だと考えているのです。

これらの諸局面は、私にとっては、「個人」の価値というものによって統一されています。

そういう私の見地からしますと、近代国民国家を場とした国民主権（広義の）の成立は、権力の正統性根拠を君主から国民へと転換したということとならんで、しかしむしろそれ以上に、個人を創出したという点にこそ、最も深い意味を持っているのです。くりかえすことになりますが、私が焦点をあてようとしている国民主権は、集団としての国民の自己決定という点ではなく、個人の創出——個人と集権的国家の二極構造が権力への制約のとりでを弱めてしまう、という見地からすると、個人を創り出してしまったということ——にこそ、その意義と問題性があるのです。

もともと、一七八九年宣言は、標題そのものがすでに示唆しますように、一方では、「人＝**homme**」の権利を掲げることによって、私的空間を確保し「公共」を限定するとともに、他方では「市民＝**citoyen**」の権利というコンセプトの中に、「公共」の正統性根拠をうちこみました。「公共」＝国家＝主権＝**citoyen** の系列があってはじめて、近代的な「私」＝個人＝人権＝**homme** が出来たのだ、という言い方もできます。そこには「公共」を **homme** によって限定すると同時に **citoyen** によって正統化する、という緊張関係があり、言葉をかえていえば、一方ではルソーが「われわれは **citoyen** となることによりはじめて **homme** となる」と語ったようなオプティミズムと、他方では「**citoyen** が **homme** をのみこむ」というペシミズムの間の、綱引きがあります。そういったなかで、**homme** がのみこまれてしまわないような「公共」を新しい **citoyen** 像の中に求めたい、というのが私の意図するところであります。

2　課　題

最後に、課題、ということになります。二つのレヴェルが考えられます。まず、私自身にかかわることがらとして、今申しあげたばかりの、内在的批判にこたえる論理を、より詰めてゆくことです。

先ほどひき合いに出したハバーマスの書物は、周知のとおり、『*Öffentlichkeit* の構造転換』というタイトルに、「eine Kategorie der *bürgerliche Gesellshaft* のための研究」という副題をつけています。この主題と副題が示唆するように、著者は、一方で、主題にいう「公共性」のギリシャモデルとフランス革命をむすぶ societas civilis の系列と、他方で、脱政治化した一九世紀の bürgerliche Gesellschaft を対置するのですが、そこでいったん展開した前者から後者への転換とはあらためて区別して、こんどは、Zivilgesellschaft という用語でもって、諸個人の自由な意思によってとりむすばれる、かつ、非国家的でありながら——この点がかつての societas civilis とちがいます——、しかしまた脱経済的な——ここが bürgerliche Gesellschaft とちがいます——、そういう性質の統合に、「公共性」を託そうとしています。

訳せば「市民」というのが普通になる〈citoyen〉〈Bürger〉という言葉は、もともと、ポリス＝キヴィタス＝そして近代ネーション・ステイト、の構成要素だという意味で、「公共」そのものというべき存在でありました。そういった、homo politicus としての「市民」にかかわって、homo oeconomicus としての「私」たる「市民」が、一九世紀に登場したわけですが、いま、国家という存在が相対化される脈絡のなかで、非国家的な、それでいて脱経済的な「市民」が、「公共」の担い手としてデザインされているのです。

非国家的という側面は、ヨーロッパの場合、ヨーロッパ統合とリージョナリズムの展開によって、多少とも現実的な裏づけを得つつあります。脱経済的という方向は、東・中欧で「市民革命」とよばれた一連の動きを連想させますが、そこでの「市民」が結局は homo oeconomicus の側面へと吸いよせられてしまう過程によって、期待を裏切られつつあるのが現状でありましょう。まして、日本では、非国家的でありながら経済の論理をこえた、自由な「市民」の論理を現実離れしたものでない視点で構築してゆくことは、すべて今後の課題であります。

一九八九年の法哲学会が『現代における〈個人・共同体・国家〉』（『法哲学年報』一九九〇年刊）をとりあげたことが、いわば触媒的作用を起こしたかのように、「公民的共和主義」とか、マックス・ウェーバーに示唆を得た「ゼークテ」としての結合に「公共」を託そうという議論が、提起されております。そういった議論との対話を通しての模索をつづけてゆきたい、というのが私の課題であります。

つぎに、私自身が今日とりあげた問題局面をはなれて、より広い問題のひろがりの中で見わたすと、どんな課題が浮上してくるでしょうか。

冒頭にふれた小林会員の実際のお仕事や、森会員による展望によって示唆されているような、各論の内容そのものを深めてゆくべきことは、いうまでもありません。ここでは、そのことを前提として、二つのことを問題にすることによって、報告を終りたく思います。

第一は、さきに「公共」の「過剰」のところでふれたような事情ゆえにどちらかといえば手薄だった点を埋めるべく、「公共」のあるべき内実を問う規範的正義論を、憲法学としてどううけとめるか、という課題です。アングロサクソン世界からはじまって欧米全般にわたる規範的正義論の興隆は、日本でも紹介されフォローされているとおりであります。例えばかのJ・ロールズの所説などは、それ自体がそれこそハバーマス的意味での「公論」として、「公共」を現に担ってきたと申せましょう。平等な自由原理と彼のいう格差原理とを二つの柱とする彼の正義論は、アメリカの知的社会のコンセンサスと最高裁判例のありようを一定程度反映しているという強味に支えられつつ、社会権条項等を持たない合衆国憲法の内実を充填するものを提示してきました。

それに対し、日本国憲法という、相対的に整備された法典をもつわれわれは、あらためて規範的正義論に頼る必要が小さいように思われるかもしれません。

しかし、私はそうでないと考えます。「公共の福祉」論の問題点のひとつは、私の見るところ、いわば「何をしてもよい権利」というものを想定し、それでは困るからそれをすべて「公共の福祉」で制限してまともな線に押し戻す、という論理構成が支配的だったことにあります。「私」の世界をまったく無限定のままにしておき、「公」たる「公共の福祉」が出てきてはじめて権利が一定の枠組におさまる、という図式でした。それに対し、それとは逆方向のアプローチ、つまり、制限の論理としての「公」をまた制限する、というのでないアプローチ、積極的な仕方でいえば、権利の正統性を規範的正義論を導入することによって積極的に裏うちし、いわば、憲法上の権利それ自体を「公共」価値によって裏づけるアプローチが、もっと深められてよいのではないでしょうか。奥平康弘会員が、そのいわゆる「実定法中心主義、制度論的アプローチ」を批判して、『なぜ「表現の自由」か』(東京大学出版会、一九八八年)を、ロールズをも含めた正義論を援用しつつ問い直されていることを、私はそのように理解いたします。

　これが第一です。第二に、文字どおり最後になりますが、各論相互間の論理的連関の整理、という論点を指摘しておきます。この観点から申しますと、おそらく、三つの領域を仕分けできるでありましょう。ひとつは、警察、交通、環境、財政、軍事、国際貢献など、さしあたって「公共」のイメージそのものが前面に出て来る領域であり、そこでは、そういった「公共」の内容を、さしあたり憲法理念を基準としてまず問い直すと同時に、「私」による限定を加えてゆくことが問題となるでしょう。つぎは、「公共」と「私」がまさに綱引きをする領域です。すでに申し上げたような意味で教育、それとの関連で家庭がその典型でありますし、それらと単純に一緒にしてしまうと誤解が生じますが、土地、報道の領域も、それぞれ、経済的自由、精神的自由によってまもられるべき「私」の領域であるとともに、「公共」と深くかかわっています。政党もそうでしょう。最後に、「私」そのものでありながら、深いところで「公共」とかかわらざるをえない領域であり、自己決定権、私事の自律的決定の問題がその典型です。

この問題は、憲法一三条論として論ぜられることが多いという意味でさしあたり各論的テーマのひとつとして扱うのですが、問題の射程においてはまさに総論の核を占めるということは、つぎに登壇される畑会員のご報告のレジュメを拝見してもわかるとおりであります。かねて「自己決定権」をキイ・コンセプトとして憲法学の体系を構想しておられるとお見受けする佐藤幸治会員は、さきほど言及しました法哲学会での報告で〝「自己決定権」と共同体〟の関係を問題とし、憲法典のいわばGeltungsgrundとしての自己決定権に言及されて、つまるところ、「相互に自律的生を大事にしようとする最も深い自律的意思の表現」として憲法典をとらえておられます。ここでは、何にもまして「私」の領域に根ざす自己決定権が、「公共」そのものを基礎づけるものとなっていると同時に、それ自体「公共」に吸いとられるかとられないかの、きわどい均衡の上に位置づけられて、重要な役割を託されているように思われます。

仮にこれら三つの領域を区別するとして、いま私なりに特徴づけたそれぞれの性格についてコメントすることは、現在の私の能力をこえております。それはすべて、今日および明日の報告と討論から教えを得つつ、今後を期したいと存じます。ご清聴に感謝申し上げます。

増補新装版のための補遺

本書の第一刷から三〇年の間隔を置いたいま、増補の可能性を含めた改版の機会に恵まれることとなった。著者冥利に尽きる誘いに応じて、二〇二二年にフランスで出版した別著(1)の序文の一部を日本語にしたものに筆を加えて「補遺」の意味を託し、載せて頂くこととした。

一九世紀から二〇世紀に向けて展開した日本近代化の歩みは、しばしば、二一世紀西洋外・文化圏での「経済大国」「軍事大国」の先がけと見られてきた。

例えば、諧謔の意味をこめて「知識人たちの Journal officiel」とまで俗称されるフランスの代表紙『ル・モンド』のインタヴュー(二〇一六年六月一二日付の別頁欄一―三頁)で、著名な人類学者モーリス・ゴドリエ氏が、明治期日本(一八六八―一九一二年)を、二一世紀の新しい経済強国の「モデル」として挙げている。しかし何ごとによらず、「比較(comparaison)」は証拠にならぬ(pas raison)」ということもあるではないか。

氏は、近代化に向かう日本で好んで使われた「和魂洋才」という言葉を挙げる。だが、洋才は大砲＝軍事力と工場＝生産力の分野に限らず、文化と社会の技術を広く含むはずである。そしてそれは、生活をとりまく諸条件、E・フロム流に言えば social caracter(＝社会の性格)のありようを左右するだろう。

ゴドリエ氏自身も重要視して言及する岩倉海外使節団(一八七一―七三年)は、ひとつの移動政府といってもよい実質のものだったが、その末端の随行者となって加わったもと仙台藩士・玉蟲左太夫は、西洋列強の繁栄＝「洋才」を支える精神——言ってみれば「洋魂」——を既に的確にとらえていた（最新刊の労作、後藤乾一『われ牢前切腹を賜る——玉蟲左太夫とその時代』〔作品社、二〇二四年〕を参照）。

ことがらの核心は、その「洋魂」として何を考えるか、ではないか。洋「才」はその亜流を拡大再生産できるとしても、洋「魂」は、そうはいかない。

日本で義務教育の段階から耳にするはずの一二一五年イングランドのマグナ・カルタ（大憲章）が描いた世界は、封建領主と家臣の間の相互誠実義務（＝「君、君たりて臣、臣たり」）を基礎として編み上げられる身分制＝封建社会であった[2]。中世ヨーロッパと比較可能な要素を備えた社会関係がほぼ同時期、極東の島国にも成立していたかどうか。

ここで思い浮かぶのは、能『橋弁慶』の一場面であろう。五條大橋での大立ちまわりの末、降参した弁慶が牛若丸に申し出て、「今より後は主従ぞと　契約堅く申しつつ」「九條の御所へぞ参りける」、となる情景である。

ことがらを一般化して言えば、封建期の日本は西ヨーロッパの同時代と共通する要素を共有していた。契約の観念とそれに伴なう名誉意識が、のちに「士農工商」と序列化されるのとは無関係に、武士から職人、町人、そして農民までを含めた一定の層それぞれの中で成り立っていた、とも言えようか。

ということは、日本は近代西洋と遭遇する以前から、中世ヨーロッパと相通ずる性格を持っていた、ということになる。一七八九年の近代ヨーロッパが、一二一五年以来自己に先行していた世界を拒否（革命）すると同時に継承（連続）した歴史については、改めて言う迄もなかろう。

一定の留保を置きながらも、ここで、一世紀以上遡ってマックス・ヴェーバーが書きのこしていったことを引いておきたい。例えば『宗教社会学論集』に収められている一節である。――「日本人の生き方の核心は宗教の要素によってよりも、社会政治構造の封建的要素によって支えられて来た」。

ヴェーバーはこうして、日本の前近代の中に、中世ヨーロッパ同時期の独特の体験、取消可能な契約という法的関係を土台とする体験と比較可能な要素を、見出していた。だからこそ彼は日本について、西洋の意味における「個人主義」という観念にとって「他の地域においてよりも遥かに適合的な土壌」を語ることができたのだった。――「こうして日本は、それ自身の中に資本主義の精神を生み出し得たのではないにしても、資本主義のモデルを比較的容易な仕方で受け入れることができたのであろう」。

日本以外に向けては容易に移植され難い歴史の、欧・日の共通性、その結節点としての中世封建制の共有、ということの指摘ではないだろうか。

最後に、二〇二二年フランス文著書の序文のなかで二人の恩師、故・ルネ・カピタン先生と故・石崎政一郎先生に捧げた謝辞を、そのままここに訳出することとしよう。

いま私の研究歴の終期にあって改めて、フランスという文化の扉を私のために開いて下さった二人の恩師、ルネ・カピタン先生と石崎政一郎先生への敬慕の思いをこめて、深い感謝の念を新たにする。今から六〇年以上遡る頃、東京日仏会館の館主としてのカピタン先生に私をひきあわせて下さったのが、石崎先生であった。

分に過ぎること途方もないほどの譬えをあえてすることが許されるなら、そのとき私は、ユリシウス［＝石崎先生］によってメントール［＝カピタン先生］に託されたテーレマコスでもあるかのように、二〇歳台半ばの二年間をパリで過ごす幸運に恵まれたのであった。

（1） Y. Higuchi, *Valeurs et technologie du droit constitutionnel*, Société de Législation Comparée, Paris, 2022, pp. 7–9.

（2）「封建制」については、第二次世界大戦以前の日本を含めて、社会諸科学の世界でさまざまの論争と蓄積があった。それとは無関係に、米国の日本占領当局が発信する言説の中では、「とにかく古くさいモノ」、あるいは「家父長支配《パトリアルカル》」の含意で「封建＝悪」とする文脈の中で使われることが多かった。少なくとも、私自身の少年期の見聞ではそうだった。まさに今昔の感あり。

【付記】本書一一四頁に「チャドル（ヴェール）事件」という表現をしていることには説明が必要であろう。もともと「チャドル」は眼の部分以外の全身を蔽うマント風の女性の服装を指す。それを象徴するという意味を託されてのスカーフ着用が、事件として問題となったのであり、コンセイユ・デタ（国務院）への文相諮問もそれに答えた同院意見も、問題とされた対象物を呼ぶ際の表現は、本書本文で確かめられるように、当然のことながら法的に注意深く洗練されたものとなっている。

増補新装版あとがき

遡って三〇年前、「近代」「国民国家」の「憲法構造」と題して一冊の本を世に送ったとき、おそらく、〈今どき近代国民国家の話ですかァ……〉という反応も少なからずだったのでは、と想像する。

当時も今も、しかし私にとって、諸個人の意思をすべての想定の出発点に置く社会契約論の仮説で説明されることとなる「近代」、そして「民族」国家の主張に対しフィクションとしての「国民」国家、の意味を説くことが肝要であり続けているのである。

九〇回目の誕生日を前にして　著者しるす

著者略歴
1934年　宮城県仙台市に生まれる。
1957年　東北大学法学部卒業。
東北大学教授、パリ第2大学客員教授、東京大学、上智大学、早稲田大学教授を歴任。東京大学名誉教授、東北大学名誉教授、日本学士院会員。

主要著書

『近代立憲主義と現代国家』（勁草書房、1973年）、『比較のなかの日本国憲法』（岩波新書、1979年）、『自由と国家――いま「憲法」のもつ意味』（岩波新書、1989年）、『何を読みとるか――憲法と歴史』（東京大学出版会、1992年）、『近代憲法学にとっての論理と価値――戦後憲法学を考える』（日本評論社、1994年）、『憲法と国家――同時代を問う』（岩波新書、1999年）、『憲法 近代知の復権へ』（東京大学出版会、2002年）、『国法学――人権原論〔補訂〕』（有斐閣、2007年）、『憲法という作為――「人」と「市民」の連関と緊張』（岩波書店、2009年）、『六訂 憲法入門』（勁草書房、2017年）、『抑止力としての憲法――再び立憲主義について』（岩波書店、2017年）、『リベラル・デモクラシーの現在――「ネオリベラル」と「イリベラル」のはざまで』（岩波新書、2019年）、『憲法〔第四版〕』（勁草書房、2021年）、『戦後憲法史と並走して――学問・大学・環海往還』（聞き手・蟻川恒正、岩波書店、2024年）他多数。

近代国民国家の憲法構造　増補新装版

1994年3月25日　初　版第1刷
2024年9月10日　増補新装版第1刷

［検印廃止］

著　者　樋口《ひぐち》　陽一《よういち》

発行所　一般財団法人　東京大学出版会
代表者　吉見俊哉
153-0041　東京都目黒区駒場4-5-29
電話03-6407-1069　FAX 03-6407-1991
振替00160-6-59964

装　幀　大倉真一郎
印刷所　大日本法令印刷株式会社
製本所　誠製本株式会社

ISBN 978-4-13-031211-0　Printed in Japan